VON GOTT TRÄUMEN

CPI
Mehr Bäume. Weniger CO_2.
www.cpi-print.de/umwelt

FSC
www.fsc.org
MIX
Papier | Fördert gute Waldnutzung
FSC® C083411

Anselm Grün, Bernd Deininger:
Von Gott träumen

www.edition-a.at

Cover: Bastian Welzer
Satz: Bastian Welzer

Gesetzt in der Premiera
Gedruckt in Deutschland

1 2 3 4 5 — 28 27 26 25

ISBN: 978-3-99001-802-6

Anselm Grün

Bernd Deininger

VON GOTT TRÄUMEN

Um die Ewigkeit zu sehen, müssen wir die Augen schließen

edition a

INHALT

Der Dichter der Träume

Jean Paul war zu seiner Zeit, also das ausgehende 18. und beginnende 19. Jahrhundert, der Lieblingsdichter der Deutschen, teilweise beliebter als Goethe und Schiller. Heute wird er kaum noch gelesen. Für viele gilt er als zu langatmig, zu chaotisch, unverständlich. Dabei hat er uns viel zu sagen. Besonders seine Träume sind es wert, aufs Neue entdeckt zu werden. Doch bevor wir uns diesen Träumen zuwenden, die wir in diesem Buch von der spirituellen und psychoanalytischen Seite betrachten wollen, tut es gut, sich darüber Rechenschaft abzulegen, was uns Jean Paul heute, zweihundert Jahre nach seinem Tod, zu sagen hat.

Da ist einmal seine große Liebe zur Natur. Seit seiner Kindheit liebte Jean Paul die Natur, er hat, wie es in dem vom deutschen Literaturwissenschaftler Friedhelm Kemp herausgegebenen Band über den Dichter heißt, »in seinen frühen Jahren oft halbe Tage im Freien zugebracht, Wolken und Luft, Land und Wasser, ja jede Blattwindung und Halmstellung liebevoll beobachtet«. Er sieht die

Natur nicht objektiv, sondern immer von innen her. Im Gespräch mit dem romantischen Publizisten Varnhagen von Ense sagt Jean Paul selbst über seine Naturbeschreibungen: »Um eine Gegend dichterisch aufzufassen, dürfe der Dichter nicht bei ihr anfangen, sondern er müsse die Brust eines Menschen zur camera obscura machen und in dieser die Gegend anschauen, dann werde sie gewiss von lebendiger Wirkung sein; nichts aber sei toter, als wenn der sich neugierig umsehende Reisende nur den sinnlichen Stoff als solchen erzähle und beschreibe.« Etwas Ähnliches taten die impressionistischen Maler rund fünfzig Jahre später und verwandelten damit die Kunst für immer.

Ein anderer Gedanke, der viele Menschen heute bewegt, ist die Frage nach der eigenen Identität. In seiner Kindheit machte Jean Paul eine Erfahrung, die in seinen Romanen noch lange nachwirkt. Es ist die Erfahrung des »Ich bin Ich«, die wir in seiner Ich-Vision eigens betrachten wollen. Zu dieser Erfahrung des »Ich bin Ich«, der eigenen Identität, gehört aber noch eine andere Erfahrung, die des Doppelgängers, die die andere Seite des eigenen Ichs repräsentiert. Jean Paul liebt die Gestalt des Doppelgängers und seine Symbolik.

Manche seiner Romanfiguren haben einen Doppelgänger, der die andere Seite, die Schattenseite der Hauptfigur, darstellt. Eine Figur, wie sie der Albtraum hervorzubringen vermag.

Das Motiv des Doppelgängers ist psychoanalytisch breit untersucht. Nach dem österreichischen Psychoanalytiker Carl Gustav Jung trägt jeder Mensch zwei Pole in sich. Und die Menschwerdung wird uns nur gelingen, wenn wir die entgegengesetzten Pole in uns miteinander verbinden, wenn wir sie gleichsam umarmen, damit sie nicht mehr gegeneinander kämpfen, sondern versöhnt miteinander unser Leben bereichern.

Was uns heute ebenso bedeutsam an der Dichtung von Jean Paul erscheint: Er setzt sich mit den philosophischen Strömungen seiner Zeit auseinander, mit Spinoza, Fichte, Schelling und Hegel. Er kennt die Versuchung des Atheismus, die Versuchung, alles Religiöse und Spirituelle nur als Einbildung abzutun. Er stellt sich dieser Versuchung und kämpft darum, sie in seinen Büchern immer wieder zu überwinden. So ist er letztlich ein moderner Schriftsteller, der hin- und hergerissen wird von der Spannung zwischen dem Glauben und dem Unglauben, zwischen der objektiven Welt, wie sie uns die Wissenschaft darstellt, und der übersinnlichen Welt, wie sie in seinen Fantasiebildern und vor allem seinen Träumen beschrieben wird. Jean Paul schreibt gegen die Versuchung des Atheismus und des reinen Rationalismus an. Aber zugleich wehrt er sich auch gegen eine vertrocknete Theologie, die meint, sie wisse über Gott genau Bescheid.

Der Traum wird hier zum Vermittler, zum Raum für eine höchst persönliche Spiritualität.

Jean Paul schrieb auch gegen den Tod an. Seine Romane finden nie ein Ende. Sie werden immer fortgesetzt. In seinen Werken geht es oft um den Tod und seine Überwindung, auch um die Frage, was im Tod und nach dem Tod mit uns geschieht. Er ringt dichterisch um diese Frage und verzichtet auf theologische Argumente. Zu diesem poetischen Beschreiben der Welt gehören die Fantasien und die Träume. Sie ermöglichen es Jean Paul, die Gegensätze der menschlichen Seele zur Sprache zu bringen, ohne sich auf eine dogmatische Linie festlegen zu müssen.

Jean Paul lebte in der Traumwelt. Er erzählt von sich, dass er Fantasien und Träume immer fortschreiben könne, wie Kemp schildert: »Die Stimmung dazu, wenn er nur gesund sei, habe er ganz in seiner Gewalt, er setze sich ans Klavier, fantasiere da auf das Wildeste, überlasse sich ganz dem augenblicklichen Gefühl und schreibe dabei seine Bilder hin, freilich wohl nach einer gewissen vorbedachten Richtung, aber doch so frei, dass diese selbst oft verändert würden.« Die Träume mit ihren fantasievollen Bildern sagen etwas Wesentliches aus über die Weltsicht von Jean Paul. Manchmal sind es Nachtträume, die wir alle kennen. Oft sind es aber Träume, die unmittelbar aufsteigen, wenn Jean Paul die Natur oder eine Situation beobachtet, also Tagträume.

Es sind Träume, die uns das Hintergründige der Welt aufzeigen und die für Jean Paul immer auch die Welt öffnen für das Geheimnis Gottes, für das Übersinnliche, das in allem verborgen ist.

Psychologisch ist zu hinterfragen, wie Jean Paul die Träume genutzt hat, um seine eigene belastete Kindheit zu bewältigen. Das Hineingehen in die

Traumwelt ermöglichte ihm seine dichterische Kraft. Über die Träume fand er Antworten auf seine metaphysischen Fragen, die ihm Halt für sein ganzes Leben gaben. Der Traum war für ihn der Weg zum eigenen Unbewussten und damit zum besseren Verstehen seines eigenen »Ichs«, sodass er in vielerlei Hinsicht als ein Vorgänger der modernen Psychoanalyse zu gelten hat.

Wir können also die Träume in den Schriften von Jean Paul von verschiedenen Seiten aus betrachten. In diesem Buch geht es uns vor allem darum, was uns die Träume von Jean Paul heute zu sagen haben, welche Botschaft sie für unsere zerrissene Welt künden. Und was wir daraus über Träume im Allgemeinen lernen können.

Wenn wir mit einem theologischen Ansatz auf die Träume schauen, dann sollten wir uns daran erinnern, dass Jean Paul ja ursprünglich Theologie studiert hat. Doch er hat sich abgewandt von der Theologie, weil sie ihm zu abstrakt und zu steril war. Wir können seine Traumbilder als eine bildhafte Theologie verstehen. So wie Lukas ein narrativer Theologe war und durch seine Erzählungen das Geheimnis Jesu ausgedrückt hat, so drückt Jean Paul durch seine Traumbilder aus, wie er das Leben des

Menschen vor Gott versteht, wie er den Tod und das, was uns im Tod erwartet, versteht. Eine bildhafte Theologie legt nicht fest, sie ist immer offen. Die Theologie der griechischen Kirchenväter war so eine bildhafte Theologie. Sie bleibt immer aktuell, weil Bilder wie Fenster sind, die uns den Blick in das Geheimnis Gottes und des Menschen ermöglichen, aber weder Gott noch den Menschen festlegen auf Begriffe, die alles genau erklären wollen.

Prophet unserer Gegenwart

Was die Herausgeber von Jean Pauls Texten zu seinem 200. Geburtstag im Jahr 1963 geschrieben haben, gilt auch heute, wenn wir den 200. Todestag des Dichters feiern: »Das Überwältigende bei Jean Paul ist, zweihundert Jahre nach seiner Geburt, die Tatsache, dass sein Wesen direkter, persönlicher, maßgeblicher zu uns Heutigen zu sprechen vermag als manche unumstrittene und darum nie ›modisch‹ oder ›altmodisch‹ gewesene Literaturgröße.«

Heute wie damals hört man oft die Klage, die Romane von Jean Paul seien zu weitschweifig, hätten keine klare Form, es sei schwierig, sie zu lesen. Das geben die Herausgeber von Beiträgen des Bayerischen Rundfunks, die damals eine große Zustimmung erfuhren, auch unumwunden zu. Daher braucht es ein achtsames und manchmal auch wiederholtes Lesen. Dann, so meinen die Autoren, »merken wir bald, wie sie [die Texte Jean Pauls, Anm.] uns tragen; sehr hoch hinauf manchmal, bis ins Überwirkliche und Ungeheure«.

Heute muss alles schnell gehen. Wir nehmen uns kaum einmal Zeit, ein Buch zur Hand zu nehmen und es in Ruhe zu lesen. Aber gerade diese Ruhe täte uns gut. Wir können die Romane von Jean Paul nicht danach beurteilen, welche Informationen wir daraus ziehen, was wir daraus lernen können. Es geht darum, sich in die Bücher zu vertiefen und beim Lesen in eine andere Welt einzutauchen. Die Welt, in die uns Jean Paul entführt, ist eine Welt der Liebe und Milde, eine Welt der Fantasie und eine Welt, die voller Geheimnisse ist, die offen ist für das unbegreifliche Geheimnis Gottes.

Die aktuelle Biografie über den Dichter, die der Germanist Helmut Pfotenhauer im Jahr 2023 verfasst hat, versteht Jean Paul als einen, der in seinen Romanen das Leben nicht beschreibt, sondern erschreibt. Für Jean Paul zählt nur das Leben, »das zur Schrift wird«. Es gilt die Devise: »Das Werk ist alles, das Ich ist nichts ... Warum? Nur im Schreiben ist Dauer, nur in ihm verewigt man sich.«

So führen alle Romane Jean Pauls in das Geheimnis des menschlichen Lebens ein. Indem wir in seinen Romanen das Schicksal von Menschen in ihrem Werden mit allen Höhen und Tiefen erkennen, lernen wir, das eigene Leben besser zu verstehen. Und wir erahnen, welches Geheimnis das Leben des Menschen ist. Die Bücher von Jean Paul dienen also immer der Selbsterkenntnis. Und die tut uns heute bitter not, da die Menschen ihre Schattenseiten auf andere projizieren, anstatt ehrlich und mutig nach innen zu blicken.

Welche Bedeutung könnte die Lektüre der Romane von Jean Paul heute für uns haben? Dieses Buch will drei Punkte herausheben, warum es sich heute lohnt, Jean Paul zu lesen.

Erstens. In Zeiten des Klimawandels brauchen wir nicht nur moralische Appelle, die Natur zu schützen. Wir brauchen einen spirituellen

Zugang zur Natur. Jean Paul beschreibt die Natur nie wie ein Tourist, der nur die äußere Gestalt einer Landschaft wahrnimmt. Er nimmt die Essenz der Natur wahr. Die Natur ist für ihn Lehrmeisterin des Lebens. Und sie kündet ihm auch von der Schönheit Gottes. Wir brauchen diese Liebe zur Natur und zugleich die Ehrfurcht, mit der Jean Paul die Natur beschreibt, damit wir uns wirklich für ihren Schutz einsetzen. Wenn wir in einer spirituellen Beziehung zur Natur leben, dann werden wir in unserem täglichen Umgang mit ihr auch respektvoll sein.

Zweitens. Was Jean Pauls Schriften auszeichnet, ist die Milde und das Verständnis für die Menschen darin, ohne sie zu bewerten oder zu verurteilen. Den Eindruck, den der deutsche Lehrer und Naturphilosoph Joseph Görres im Jahr 1810 von den Schriften Jean Pauls hatte, gilt heute noch, wenn uns auch die pathetische Sprache des jungen Görres fremd erscheint: »Es ist eine so milde, sonnenwarme, hellaufleuchtende Geistigkeit, eine stille, ruhige Klarheit mitten in dem Feuerrad der Phantasie.«

Unsere Gesellschaft ist heute geprägt durch ständiges Anprangern und Verurteilen von Menschen, die öffentlich ihre Meinung äußern. Wir urteilen sofort über andere und stecken sie in die Schublade unserer Vorurteile. Vor solchen Vorurteilen könnten uns die Schriften von Jean Paul bewahren, die liebevoll die einzelnen Charaktere schildern, auch mit ihren Schwächen. Überall spürt man das Verständnis des Autors für die Eigenarten seiner Figuren. Dieses Gespür für den Menschen mit seiner je eigenen Lebensgeschichte täte uns heute gut. Anstatt den anderen zu bewerten, sollten wir ihn zu verstehen versuchen, wie Jean Paul das in seinen Romanen immer liebevoll und mit großer Milde tut.

Drittens. Charakteristisch für die Schriften von Jean Paul ist sein Humor. Das haben viele seiner Zeitgenossen als ein typisches Merkmal gesehen. Friedrich Schlegel nennt im Jahr 1812 Jean Paul den »humoristischen Lieblingsschriftsteller der Nation«, der »den ganzen Reichtum eines so verwickelten Zeitalters, alle Dissonanzen und Anklänge desselben, mit Witz und Gefühl [...] zum Vorschein bringt«.

Der Humor urteilt nicht, sondern beschreibt voller Liebe die einzelnen Personen und ihr Verhalten. Das wird auch in der »Denkrede auf Jean Paul« gepriesen, die der Journalist und Literaturkritiker Ludwig Börne im Jahr 1825 wenige Tage nach der Beerdigung des Dichters in Frankfurt hielt: »Wir hatten Jean Paul, und wir haben ihn nicht mehr, und in ihm verloren wir, was wir nur in ihm besaßen: Kraft und Milde und Glauben und heitern Scherz und entfesselte Rede.« Für Börne ist Jean Pauls Humor mit Liebe verbunden. Jean Paul führe »die Müden und Hungrigen ein in die Stadt seiner Liebe«. Auch wenn wir solches Pathos heute nicht mehr aufbringen können, bräuchten wir diese Haltung von liebevollem Humor, um die Menschen zu beschreiben. Wenn wir die Menschen lieben, wie es Jean Paul in seinen Schriften zum Ausdruck bringt, dann würden wir nicht so hart über sie urteilen. Das heißt nicht, dass wir schädliches Verhalten nicht entlarven sollen. Aber bei allem Aufdecken von lebensbehinderndem und lebensschädlichem Verhalten sollten wir dabei nie die Person dahinter verurteilen oder gar vergessen.

Die Einheit von Natur und Mensch, die Erfahrung der Verbundenheit zwischen uns und unseren Mitmenschen, die allumfassende Erfahrung des Göttlichen – der Traum ist ein Tor zu Dimensionen, die unsere Alltagserfahrung transzendieren und diese Erkenntnisse fühlbar machen.

Kaum jemand hat diese Eigenschaften des Traums in solch treffenden Bildern verpackt wie Jean Paul.

So wünschen wir mit unserer Deutung der Träume in den Schriften von Jean Paul den Leserinnen und Lesern, dass sie voller Neugier zu Jean Pauls Werken greifen und sich die Zeit nehmen, sich beim Lesen in eine Welt voller Liebe und Milde und in eine Welt der Weite und der Geheimnisse führen zu lassen, in eine Welt, die unserer Seele guttut und die uns mit neuen Augen auf unsere Gegenwart blicken lässt. Und dass sie dabei zu träumen beginnen.

1.

Wer war Jean Paul?

Bevor wir uns den Träumen des Dichters annähern, wollen wir eine kurze Einführung in sein Leben geben, denn Leben und Träume sind wohl kaum je so eng verflochten gewesen wie bei Jean Paul.

Johann Paul Friedrich Richter, wie Jean Paul bürgerlich hieß, wurde am 21. März 1763 in Wunsiedel in Oberfranken geboren. Sein Vater war Lehrer, Organist und Pastor in einem kleinen Dorf. Im Jahr 1779 verstarb sein Vater. Das stürzte die Familie in die Armut. So wuchs Jean Paul in armen Verhältnissen auf.

Im Jahr 1781 begann er, Theologie zu studieren, doch sie erfüllte ihn nicht. Anders das Schreiben, das er bald darauf aufnahm. Doch das brachte ihm kein Geld ein. Immer wieder bettelte er seine Mutter um finanzielle Unterstützung an, die selbst jedoch kaum Geld hatte. So nahm er während seines Studiums einen Kredit auf.

Im Jahr 1784 musste er schließlich vor seinen Gläubigern fliehen und zog in das Haus seiner Mutter in Hof. Sein Bruder Heinrich wollte der Mutter nicht zumuten, auch ihn zu ernähren. So beging er Suizid. Dies würde sich wie ein Schatten auf Jean Paul legen, der mit seiner Verantwortung für diese Tragödie zu kämpfen hatte. Das Schreiben war für ihn der Versuch, jene schmerzlichen Erfahrungen zu verarbeiten.

Im Jahr 1793 veröffentlichte Jean Paul seinen ersten Roman, *Die unsichtbare Loge,* worin er sich über die damals weitverbreiteten Geheimbünde lustig machte. Protagonist ist der sensible Gustav, dessen Entwicklung in dem Roman nachgezeichnet wird. Von der Form her ein klassischer Bildungsroman, sind bereits der Sarkasmus und die klugen philosophischen Reflexionen zu finden, die Jean Paul später auszeichnen sollten. Das Ende bleibt, wie so oft bei Jean Paul, offen.

Eine abgeschlossene Handlung bietet Jean Pauls nächster Roman, *Hesperus oder 45 Hundposttage,* der im Jahr 1795 erschien und ihn schlagartig zum neuen deutschen Literaturstar machte. Themen, die er bereits in der *unsichtbaren Loge* einführte, werden hier weiterentwickelt. Der Protagonist heißt diesmal Viktor. Auch ihn erlebt der Leser während Bildungs- und Liebesabenteuer. Jean Paul stellt ihm einen Gegenspieler zur Seite, eine Spiegelung und eine Art dunkler Doppelgänger, wie wir sie später in den Träumen finden werden: Flamin, Viktors Halbbruder, ist, anders als der romantische Viktor, rational und kühl. Die Ironie, mit der Jean Paul die Konventionen des klassischen Bildungsromans bricht, sowie seine pointierten Reflexionen machten ihn zu dieser Zeit beliebter als Schiller und Goethe. Mit diesem Erfolg verschwanden auch die wirtschaftlichen Sorgen der Familie.

Jean Paul genoss seine neu gewonnene Berühmtheit und besuchte die beiden literarischen Größen der deutschen Literatur in Weimar. Doch sowohl Schiller als auch Goethe verstanden ihn nicht und zeigten ihm die kalte Schulter.

Jean Paul widmete sich nun völlig dem Leben als Schriftsteller und veröffentlichte weitere Romane, die gerne gelesen wurden, auch wenn sie nicht mehr den Erfolg des *Hesperus* erreichten: *Siebenkäs*, *Das Leben des Quintus Fixlein* und *Der Jubelsenior*. Die Jahre zwischen 1793 und 1800 waren Jean Pauls Blütezeit. Sein Ruhm und sein Ansehen festigten sich.

Im Jahr 1804 siedelte er nach Bayreuth über. Obwohl er fleißig weiterschrieb, verblasste sein Ruhm zunehmend. Die Romantik konnte wenig mit seinem ironischen, selbstreflexiven Erzählen anfangen, das Pathos fehlte ihm. Für die Klassik waren seine Texte zu verspielt, zu unklar, zu uneinheitlich. Anders als Goethe oder Schiller bekamen seine Stücke kein zweites Leben auf den Theaterbühnen. Und langsam verblich seine Bedeutung.

Die letzten Lebensjahre verbrachte Jean Paul zurückgezogen und von Krankheiten geplagt. Am 14. November 1825 verstarb er und wurde im Grab seines vor ihm verstorbenen Sohnes bestattet.

Die beiden Autoren dieses Buches können jedoch bezeugen, wie stark der Eindruck sein kann, den Jean Paul auf seine aufmerksamen Leser macht. Anselm Grün kam zum ersten Mal mit Jean Paul im Jahr 1968 in Kontakt. Sein Mitbruder Pater Gregor Hucke verfasst damals seine Doktorarbeit *Das Verhältnis des Kindes zur Welt und zu Gott in Jean Pauls Fr. Richters Levana oder Erziehlehre.* Da Pater Gregor nicht auf der Schreibmaschine tippen konnte, übertrug Pater Grün die Handschrift. Auf diese Weise setzte er sich viele Tage lang Wort für Wort mit Jean Paul auseinander.

Während seines Theologiestudiums in Rom tauchte Jean Paul erneut auf, diesmal mit seinem berühmten Traum *Rede des toten Christus vom Weltgebäude herab, dass kein Gott sei*. Als Bernd Deininger die Idee hatte, über die Träume bei Jean Paul zu schreiben, kam also eine lange Auseinandersetzung endlich zu einem Ergebnis. In der Arbeit mit Jean Paul erkannte Pater Grün ihn als einen

Autor, der in seinen Texten konsequent ehrlich sich selbst gegenüber ist und eine tiefe Kenntnis der Menschen zeigt.

Bernd Deininger fand seinen Weg zu Jean Paul, als er einen evangelischen Pfarrer in seiner psychoanalytischen Praxis betreute. Der Pfarrer litt an einem Magenkarzinom, an dem er schlussendlich verstarb. Vor seinem Tod weckte ein Traum im Pfarrer den Zweifel, ob es einen Gott gäbe. Dies ließ Bernd Deininger an den Traum von Jean Paul denken, die *Rede des toten Christus*, die er vor langer Zeit gelesen hatte. In emotionalen und tiefgehenden Gesprächen setzten sich Deininger und der Pfarrer in seinen letzten Lebensmonaten mit Jean Pauls Traum und den Zweifeln auseinander.

Dies half dem Patienten, seinen Frieden zurückzugewinnen und seine Zweifel zu überwinden. Aus dieser kraftvollen Erfahrung heraus entstand der Wunsch, sich näher mit Jean Paul und seinen Träumen zu befassen. Dabei erkannte Deininger, wie früh Jean Paul bereits von einem Unbewussten geschrieben hatte (er nannte es »das innere Afrika«, ein unerforschter Ort) und die Spuren legte für die spätere Erforschung dieses Phänomens. Bereits mehr als hundert Jahre vor Sigmund Freud lenkte Jean Paul die Aufmerksamkeit auf das verdrängte Triebpotenzial des Menschen. In seinem Werk *Vorschule der Ästhetik* schreibt er: »Das Mächtigste im Dichter, welches seinen Werken die gute und die böse Seele einbläst, ist gerade das Unbewusste.« Weiter schreibt er: »Wären wir uns unserer ganz bewusst, so wären wir unsere Schöpfer und schrankenlos. Ein unauslöschliches Gefühl stellt in uns etwas Dunkles, was nicht unser Geschöpf, sondern unser Schöpfer ist, über alle unsere Geschöpfe.«

Einen Einblick in das Ganze unseres Wesens, in diese Absolutheit, gewähren die Träume.

In verschiedenen seiner Schriften beschäftigte sich Jean Paul mit der Hypochondrie und Identitätskrisen. Immer wieder erkennt er die Ursache der menschlichen Zerrissenheit, der verlorenen Harmonie zwischen Ich und Umwelt, in einem gestörten Verhältnis von Seele und Körper. Das wichtigste Rätsel der Philosophie ist für Jean Paul die Vereinigung dieser beiden. Und einen Weg dazu geben uns die Erforschung, die Befragung und das Erfühlen unserer Träume.

Nicht nur die Literatur, auch die Psychologie und die Spiritualität können viel von Jean Paul lernen. Immer wieder stellen sich den Menschen unserer Gegenwart Sinn- und Identitätskrisen. Jean Paul und sein inspirierender Zugang zu Träumen bieten eine Möglichkeit, diese Krisen zu überwinden.

Wenn wir im Wachen träumen,
entsteht Dichtung.
Niemand bewegte sich so
traumwandlerisch zwischen
den Zeilen wie Jean Paul.

2.

Die spirituelle Dimension des Traums

Träume sind nicht erst seit Jean Paul oder der Psychoanalyse wichtiger Bestandteil unserer Kultur. Seit Menschengedenken stellt der Traum ein Fenster in das Jenseits dar. Verschiedenste Kulturen schrieben ihm prophetische oder göttliche Dimensionen zu. In jedem Fall erlaubt uns der Traum, neue Perspektiven auf unser Dasein einzunehmen. Er führt uns fort von den täglichen Problemen und Sorgen, hin zu etwas Tieferem. Der Rationalismus des 20. und 21. Jahrhunderts hat Träume ihrer Bedeutung enthoben und sie zum Teil in den Bereich des Fantastischen und Willkürlichen gedrängt. »Träume sind Schäume« lautete eine weitverbreitete Formel. Dass dies der Bedeutung von Träumen für unser Leben nicht gerecht wird, zeigt ein Blick in die religiösen Texte des Christentums, das Alte und das Neue Testament.

Sowohl das Alte als auch das Neue Testament erzählen uns viele Träume. Die Bibel ist davon überzeugt, dass Gott im Traum zu den Menschen spricht. Im Buch *Numeri* heißt es, dass Gott sich den Propheten in Visionen zu erkennen gibt. Ihn direkt zu schauen, wäre für den Menschen kaum begreiflich. Nur zu Mose hat Gott von Angesicht zu Angesicht gesprochen.

Im Alten Testament ist Joseph, der von seinen Brüdern nach Ägypten verkauft wird, nicht nur der Träumer, sondern auch der Traumdeuter. Er deutet die Träume des Pharaos so, dass dieser eine große Hungersnot verhindern kann.

Im Neuen Testament erscheint der Engel dem Zimmermann Joseph viermal im Traum. Er deutet ihm jeweils seine Situation und befiehlt ihm dann, dem Traum entsprechend zu handeln. Nicht zuletzt kehrt er deshalb zur schwangeren Maria zurück.

In der Apostelgeschichte spielen die Träume ebenfalls eine große Rolle. Aufgrund eines Traums wagt es Petrus, in das Haus des Heiden Cornelius zu gehen und so die Heidenmission zu beginnen. Und es war auch ein Traum, der Paulus dazu brachte, nach Europa aufzubrechen und die Botschaft Jesu zu verbreiten.

Doch nicht nur in der Bibel, auch in der gelebten Praxis spielten Träume für Gottsuchende eine wichtige Rolle. In der frühen Kirche schrieb man dem Traum in Anlehnung an die griechische und biblische Tradition eine positive Funktion zu. So schreibt der antike, frühchristliche Schriftsteller Tertullian in seinem Buch über die Seele: »Ist es nicht allen Menschen bekannt, dass Gott sich dem Menschen am besten durch den Traum offenbaren kann?«

Die griechischen Kirchenväter sind von der Hochachtung der Träume beeinflusst, die sie in ihrer Umwelt vorfanden. Gregor von Nazianz, ein bedeutender Bischof des Byzantinischen Reichs, sagte einmal, »dass er die meisten Inspirationen im Traum erhalten habe«. Am ausführlichsten schreibt der Bischof Synesios von Kyrene über die Träume. Im Jahr 415 veröffentlicht er in der Tradition der Griechen ein eigenes Traumbuch und empfiehlt auch anderen, es ihm gleichzutun. Die Traumdeutung »gibt die Möglichkeit, sich vor Unheil, Krankheit usw. rechtzeitig zu schützen, kommendes Glück in Vorfreude doppelt zu genießen; sie hilft auf der Jagd, ebenso wie bei der Schriftstellerei und der Lösung von schweren diplomatischen Aufgaben«.

Er schreibt weiter: »Ich bin nicht überrascht, dass einige ihren Träumen die Entdeckung eines Schatzes verdanken; dass manche andere völlig unwissend zu Bette gegangen sind und als begabte Dichter erwachten, nachdem sie sich in einem Traume mit den Musen unterhalten hatten. Ich brauche auch gar nicht erst von jenen zu sprechen, die in ihrem Schlaf von einer Gefahr

Kenntnis erhielten, die ihnen drohte, oder denen in ihren Träumen von einem Heilmittel Kunde gegeben wurde, das sie kurieren konnte. Das Wunderbarste und zugleich Geheimnisvollste ist jedoch, dass der Schlaf der Seele den Weg zu den vollkommensten Einsichten in das wahre Wesen der Dinge erschließt und dass er ihr die Fähigkeit eröffnet, über die Natur hinauszugehen und sich selbst mit der intelligiblen Sphäre zu vereinigen, von welcher sie so weit her gewandert ist, dass sie gar nicht mehr weiß, woher sie kam …«

»Daraus erhellt, dass es immer ein Mensch ist, der uns belehrt, wenn wir wachen; dass es aber stets Gott ist, der uns erleuchtet, wenn wir schlafen.«

Der Traum hat für Synesios nicht nur therapeutische Bedeutung, sondern er ist auch der Ort der Gotteserfahrung. Wir werden im Traum eins mit der Wirklichkeit Gottes und dadurch mit der wahren Natur der Dinge. Wir gelangen an ihren Ursprung, in die Welt der Ideen, in der wir einst waren und in die wir im Traum wieder eintauchen. Gott erleuchtet uns im Traum. Er zeigt uns das Wesen aller Dinge und das Geheimnis des eigenen Seins.

Synesios weiß um die Tradition der griechischen Wallfahrtsorte, um den sogenannten Tempelschlaf. Die Menschen pilgerten zu heiligen Orten, bereiteten sich durch Gebet und Fasten darauf vor, im heiligen Bezirk des Tempels zu schlafen und von Gott heilige und heilende Träume zu bekommen. Am nächsten Morgen erzählten sie dann ihren Traum den Priestern, die sie ihnen deuteten. Sie erwarteten ihre Heilung also von Gott mittels der Träume, die er ihnen schickte und die durch Priester gedeutet wurden. Traumdeutung war damals ein religiöses Unterfangen, nahm jedoch Methoden der modernen Psychotherapie vorweg.

Im alten Mönchtum bezog der Psychologe unter den geistlichen Schriftstellern, Evagrius Ponticus, auch die Träume in den asketischen Weg mit ein. Evagrius, ein Mönch und Asket, der in der Wüste nahe Alexandria lebte, beobachtete vor allem die Beziehung von Emotionen zum Traum. Groll ruft etwa Träume von wilden Tieren hervor, die den Menschen dann am nächsten Tag gerädert aufwachen lassen, sodass er geschwächt in den Tag startet. Evagrius schreibt: »Lass die Sonne nicht über deinem Zorn untergehen, sonst kommen während deiner Nachtruhe die Dämonen und ängstigen dich und machen dich so noch feiger für den Kampf des folgenden Tages. Denn die Wahnbilder der Nacht entstehen gewöhnlich durch den erregenden Einfluss des Zorns. Und nichts macht den Menschen so sehr bereit, sein Ringen aufzugeben, als wenn er seine Regungen nicht kontrollieren kann.«

In der christlichen Tradition tauchen Träume immer wieder bei den Heiligen auf. So verdankt Hieronymus einem Traum seine Wandlung vom weltlichen zum christlichen Gelehrten. Pachomius erfährt seine Berufung zum Mönch im Traum. Und im Traum wird ihm auch klar, wie er das Ideal der Einsiedler mit der christlichen Nächstenliebe verbinden soll. So wird er zum Vater des zönobitischen Mönchtums, bei dem mehrere besitzlose Geistliche unter einem Dach – abgeschottet von der Außenwelt – ihr Dasein mit Gebet und Andacht verbringen.

Der heilige Benedikt von Nursia erschien seinen Schülern im Traum und teilte ihnen den Bauplan ihres Klosters mit. Er ist so ihr innerer Meister geworden, der sie durch Träume auf ihrem Weg begleitete und lenkte.

Franziskus erkannte im Traum seine Berufung. Darin sah er, wie er die Kirche Gottes wiederherstellen soll. Zunächst deutete er den Inhalt seines Traums auf die kleine, verfallene Kirche Portiuncula. Doch dann wurde ihm klar, dass sein Traum von einer größeren Aufgabe handelte. Als sich ihm immer mehr Brüder anschlossen und er vom Papst die Bestätigung eines Ordens erbat, träumte Papst Innozenz III., dass Franziskus die Kirche des Laterans stützte. Und aufgrund dieses Traums approbierte er die Ordensgründung.

Auch die Gründung des Dominikanerordens wurde von Träumen begleitet. Dominikus träumte von einem Baum, auf dem schwarze und weiße Vögel saßen. Der Baum wurde gefällt. Das veranlasste ihn, seinen Orden auf ein neues Fundament zu stellen.

Die spirituelle Tradition schätzte die Träume als Gottes vergessene Sprache.

Es ist eine Tradition, die von der Antike über das Christentum bis in die Kunst der Neuzeit, zu Vertretern wie Jean Paul, gelangt. Erst die rationalistische Epoche der Aufklärung erklärte Träume eben zu »Schäumen«. Es sollte bis zur

Jahrhundertwende dauern, dass eine neue Denkrichtung die Bedeutung der Träume wiederentdeckte: die Psychoanalyse. Allen voran Sigmund Freud sah die Träume als »via regia«, als königlichen Weg zum Unbewussten. Auch sein Zeitgenosse Carl Gustav Jung schätzte die Träume, allerdings nicht nur zur Erkenntnis verdeckter Triebe, sondern auch als Möglichkeit, mit der Weisheit des kollektiven Unbewussten in Kontakt zu treten. Die Erkenntnisfunktion der Träume betonten jedoch beide. Davon soll das nächste Kapitel handeln.

3.

Die Bedeutung des Traums für die Psychoanalyse

Wenn wir über Träume sprechen, können wir die Psychoanalyse nicht ignorieren. Wie kaum ein anderer wird der Wiener Psychoanalytiker Sigmund Freud mit den Träumen in Verbindung gebracht. Tatsächlich war er einer der ersten, der Träume wissenschaftlich zu untersuchen und zu kategorisieren versuchte. Er holte den Traum aus dem Bereich der Fantasterei, in den er von der Aufklärung verbannt wurde, und machte aus ihm einen ernstzunehmenden Forschungsgegenstand. Intuition und Rationalität sollten sich miteinander verbinden.

Der Traum wird von Freud zum einen durch eine unbewusste, libidinöse Regung geschaffen, zum anderen aus »Tagesresten«. Zu diesen Tagesresten gehören fünf Gruppen: Unerledigtes, Ungelöstes, Unterdrücktes, Reste, die tagsüber im Unbewussten durch Erlebtes aktiviert wurden, sowie indifferente Eindrücke vom Tag.

Diese Tagesreste sind wie Schichten, die sich über das Unbewusste legen. Zum einen sind sie willkürlicher Abfall, Überbleibsel aus dem, was uns während des Tages begegnet ist. Zum anderen gibt es unter den Tagesresten allerdings auch Gedanken, die uns etwas über unseren Wachzustand verraten können. Wir wissen, dass wir

Stress in der Arbeit oder Beziehung haben und nehmen diese Gefühle mit in den Traum. Daran ist nichts Unbewusstes, dennoch kann uns auch hier der Traum neue Bedeutungsebenen dieser Gefühle erschließen.

In Freuds Theorie kommt diesen Tagesresten Wichtigkeit zu, da sie dem unbewussten Triebimpuls eine Form geben. Sie ermöglichen, unsere tiefsten Begierden und Wünsche an alltäglichen und verständlichen Symbolen anzuheften und so ins Vorbewusste zu bringen. Die unbewusste Regung erhält durch den Traum Ausdruck und kann sich in bewussten Wünschen oder Begierden manifestieren. Träumen ist demnach gesund und hilft, ein seelisches Gleichgewicht aufrechtzuerhalten und mehr über uns selbst zu erfahren:

Erkenntnisse, die im Licht des Tages verborgen bleiben.

Sigmund Freud berichtet über einen seiner eigenen Träume in seinem großen Werk *Die Traumdeutung*. Er nennt ihn »Irmas Injektion« und träumte ihn in der Nacht vom 23. auf den 24. Juli 1895. Dieser Traum gilt als der Mustertraum der Psychoanalyse.

In dem Traum geht es um eine junge Frau namens Irma, die über Schmerzen im Hals, Magen und Leib klagt. Bei der Untersuchung, die Freud vornimmt, findet er verschiedene Symptome, zieht dann einen Freund und einen zweiten Freund hinzu, die ebenso Ärzte sind und die auch eine Erkrankung feststellen. Zuletzt zeigt sich, dass wohl sein Freund Otto Irma eine Injektion verabreicht hat, die eine Infektion zum Ausbruch brachte.

Als Freud über diesen Traum nachdachte, gelangte er zu der Erkenntnis, dass alle Träume verborgene Wünsche in sich tragen. Er stellte diese mit dem sexuellen Verlangen in Verbindung. In seinem Traum untersuchte er Irmas Hals, blickte in ihn hinein und deutete dies als verborgenen Wunsch nach oraler Sexualität.

Doch Träume lassen sich mit einer solchen Analyse nicht erschöpfen. Sie führen über die Realität hinaus. Traumbilder können uns oft befremdlich erscheinen und verunsichern. Ihre Aussagen können unklar und kryptisch ausfallen, ihre Bedeutungen mannigfaltig und nebulös. Zudem sind sie von uns meist nicht willentlich steuerbar, wir erfahren uns als Subjekt des Traums.

In der Antike dachten die Menschen daher, Träume würden nicht von ihnen selbst hervorgebracht, sondern ihnen von außen eingegeben. Eben von Göttern. Und so entstand die Verbindung des Traums zum Göttlichen.

Im Unterschied zu Sigmund Freud bezog Carl Gustav Jung die Träume auf das kollektive Unbewusste des Menschen. Für Jung gibt es Ideen und Gedanken, die über alle kulturellen Räume hinweg eine Art »Conditio humana« bilden.

Träume, wie auch Mythen, sind eine Möglichkeit, dieses kollektive Wissen – diese in uns einprogrammierten urmenschlichen Erkenntnisse – anzuzapfen.

Deutete Freud Träume noch individualistischer und verortete sie im Leben des Einzelnen als Reste persönlicher Triebe oder Begierden, waren sie für Jung eine Verbindung zum Kollektiven und Mythischen. Für Jung waren Träume weniger ein schattenhafter Ort des Verdrängten und Verbotenen, sondern konnten eine positive Quelle der Transformation und Inspiration darstellen.

Viel Zeit ist seit Freud und Jung vergangen und auch die Psychoanalyse hat sich weiterentwickelt. In der modernen psychoanalytischen Arbeit spielt der Traum und dessen Deutung aber immer noch eine entscheidende Rolle, da unbewusste Themen des Träumers, die dieser im Wachbewusstsein nicht formulieren kann, im Schlaf symbolhaft zum Ausdruck kommen und Aufschluss geben können über Probleme im Alltag.

Aus diesem Grund ist es wichtig, dass der Träumende selbst zu den einzelnen Traumbildern Stellung nimmt und versucht, bei sich lebensgeschichtliche Zusammenhänge zu finden, die er verdrängt hat.

Im Einzelfall kann dies zu Widerständen führen, da meist die im Traum dargestellten Ereignisse hochgradig schambehaftet sind. Im Wesentlichen werden manifeste Träume zunehmend als sinnhafte Abbilder psychischer Konflikte und pathologischer Strukturen verstanden.

In Jean Pauls Schriften vereinen sich sowohl Grundgedanken der Psychoanalyse als auch Weisheitslehren antiker und religiöser Denker.

Der Traum wird als eine Quelle der Erkenntnis gesehen, sowohl Erkenntnis unserer eigenen Wünsche, Triebe und Wesenszüge als auch Erkenntnis einer uns transzendierenden göttlichen Kraft.

Kaum ein anderer Dichter schaffte es, diese beiden Methoden der Traumanalyse so kunstvoll, poetisch und bildhaft darzustellen wie Jean Paul. Wollen wir Träume wieder als etwas Bedeutungsvolles begreifen und sie aus der Versenkung hervorholen, in die sie im Laufe des letzten Jahrhunderts gefallen sind, so lohnt sich eine Auseinandersetzung mit Jean Pauls Werken.

4.

Erster Traum

Rede des toten Christus vom Weltgebäude herab, dass kein Gott sei

Wie der Traum vom Ende des Göttlichen uns diesem erst nahebringt

Kaum ein Text von Jean Paul ist so häufig zitiert und bearbeitet worden wie die »Rede des toten Christus vom Weltgebäude herab, dass kein Gott sei«. Französische Schriftsteller wie Victor Hugo, Madame de Staël und Charles Baudelaire haben ihn bewundert. Dostojewski ließ sich von dieser Rede zur Parabel des Großinquisitors in den *Brüdern Karamasow* anregen. Jean Paul hat ebenso Friedrich Nietzsche inspiriert, wenn dieser den »tollen Menschen« am hellen Vormittag auf dem Marktplatz Gott suchen lässt und er abschließend verkündet, dass Gott tot ist: »Wir haben ihn getötet – Ihr und ich. Wir alle sind seine Mörder.« Was in vielen Übersetzungen und Deutungen jedoch vergessen wird, ist das Ende des Traums von Jean Paul. Denn der Träumende wacht auf und ist froh, dass sich seine Vision nur als Traum herausstellt.

Wir alle mögen in dem einen oder anderen Moment unseres Lebens daran zweifeln, dass es etwas Göttliches, Transzendentales gibt, etwas, das größer ist als wir selbst. Wir fühlen uns allein gelassen und einsam in einer Welt, die wir nicht begreifen. So ist es wohl auch Jean Paul gegangen, als sich sein Bruder aufgrund der schlimmen wirtschaftlichen Lage seiner Familie das Leben nahm. Eine wirtschaftliche Lage, für die sich Jean Paul mitverantwortlich fühlte.

In diesem Traum lässt Jean Paul seinen Zweifeln an der Existenz Gottes freien Lauf.

Der Traum wird für ihn zu einem freien Raum, in dem er nichts zurückhalten, keine Rücksicht nehmen muss.

Der Versuchung des Atheismus, in seiner Zeit ein besonders beliebtes philosophisches Thema, kann er nachgeben. Ebenso kann er seinen Frust über eine Theologie, die keine sinnstiftenden Antworten auf existenzielle Fragen liefern kann, auslassen. Der Traum schenkt ihm die Freiheit, seine Gedanken ungefiltert herauszulassen. Erst einmal vor sich ausgebreitet, erschöpfend zu Ende gedacht, kann er sie überwinden.

In der Einführung zu diesem Traum nennt Jean Paul die Gründe, warum er diesen Text geschrieben hat. Ein Grund war sein Erschrecken »über den giftigen Dampf, der dem Herzen dessen, der zum erstenmal in das atheistische Lehrgebäude tritt, erstickend entgegenzieht«.

Durch den Atheismus, so meinte er, werde das ganze geistige Universum »zersprengt und zerschlagen in zahllose quecksilberne Punkte von Ichs, welche blinken, rinnen, irren, zusammen und auseinander fliehen, ohne Einheit und Bestand. Niemand ist im All so einsam wie der Gottesleugner«. Ein Gedanke, der in unserer zunehmend egoistischen, materialistischen und narzisstischen Gesellschaft viele Menschen plagt und quält. Wenn das Ich zum Maßstab allen Seins wird, lastet eine schier unüberwindbare Einsamkeit auf unseren Schultern. Diese ist der Preis, wenn wir die spirituelle Kraft, die uns mit etwas Größerem als uns selbst verbindet, ersetzen durch unser eigenes Ego. Jeder ist dann auf sich allein gestellt, isoliert von den anderen und der Umwelt. Für Jean Paul eine Horrorvision.

Das Leben ist nur sinnvoll, wenn wir mit unserer Umwelt und unseren Mitmenschen innerlich verbunden sind.

Doch nicht nur der ichbezogene Atheismus erschwert den Weg zum Göttlichen. Genauso hindert uns eine kalte, rationale Theologie beim Erspüren des Transzendentalen. Mit seinem Traum wollte Jean Paul diese Theologen aufwecken, weil sie ohne Herz »das Dasein Gottes so kaltblütig und kaltherzig erwägen, als ob vom Dasein des Kraken und Einhorns die Rede wäre«.

Der Widerpart zu der herzlosen, logischen Beweisführung zu Gott ist der Traum. In ihm hat Logik keinen Platz, er wird beherrscht von der Irrationalität der Gefühle.

Gerade auch die dunklen Träume können uns die Wirklichkeit erhellen: »Lasset uns sogar die dunklen peinlichen Träume als hebende Halbschatten der Wirklichkeit.« Die Träume zeigen uns einen Aspekt der Wirklichkeit, den wir durch reinen Rationalismus nie berühren würden. Sie sind ein »Spiegel des Himmels« über den Abgründen der Welt und den Abgründen der Seele. Wer von Gott redet, aber die dunklen und abgründigen Tiefen des Menschen dabei überspringt, der verfehlt sowohl Gott als auch den Menschen.

Dabei wirkt der spezifische Traum, um den es hier geht, selbst wie ein mitternächtlicher Alb: Christus, der uns den Vater offenbart hat, ist es nun, der seine Existenz leugnet. Die Toten, die sich in der Kirche zu einer Art kosmischem Gottesdienst versammelt haben, fragen Jesus, der sich »mit einem unvergänglichen Schmerz aus der Höhe auf den Altar hernieder« lässt: »Christus! Ist kein Gott?«

Und Jesus antwortet: »Es ist keiner.«

Dann erzählt Jesus, wie er durch die Welten ging und durch die Milchstraßen flog, »aber es ist kein Gott«. Die verstorbenen Kinder kommen aus den Gräbern in die Kirche und fragen Jesus: »Jesus! Haben wir keinen Vater?« – Und er antwortete mit strömenden Tränen: »Wir sind alle Waisen, ich und ihr, wir sind ohne Vater.«

Als Jesus die ganze Welt zusammenstürzen sieht, spricht er zu dem entstehenden Nichts: »Wie ist jeder so allein in der weiten Leichengruft des Alles! Ich bin nur neben mir – O Vater! O Vater! Wo ist deine unendliche Brust, dass ich an ihr ruhe?«

Hier werden die Folgen des Atheismus in düsteren Farben geschildert. Die Welt ist voller kreischender Misstöne. Der Mensch verliert sich selbst. Er steht neben sich. Und er fragt sich, ob der neben ihm wirklich ein Mensch ist oder bloß eine Projektion seiner Gedanken. Der Mensch spürt keine Gemeinschaft, keine Verbundenheit. Jeder ist für sich allein, isoliert, ohne Beziehung zum Mitmenschen.

Jesus schaut voller Tränen auf die Welt und erinnert sich an seine glücklichen Zeiten: »Da hatt' ich noch meinen unendlichen Vater und blickte noch froh von den Bergen in den unermesslichen Himmel und drückte die durchstochene Brust an sein linderndes Bild.«

Dann wendet sich Jesus an die überglücklichen Erdenbewohner, die noch an Gott glauben und darauf hoffen, dass er ihre Wunden nach dem Tod alle schließen werde. Voller Schmerz muss er ihnen sagen: »Ihr Unglücklichen, nach dem Tode werden sie nicht geschlossen.« Denn es wird kein Morgen kommen und keine heilende Hand. Und so fleht Jesus die Menschen an: »Sterblicher neben mir, wenn du noch lebest, so bete ihn an, sonst hast du ihn auf ewig verloren.«

Das scheint paradox zu sein. Wen sollen die Sterblichen anbeten? Hat Christus selbst Gott nicht für tot erklärt? Es ist die Unlogik des Traums, die einen neuen Gedanken – dem Wachen unzugänglich – erschließt:

Solange die Menschen glauben, beten und hoffen, so lange existiert die Möglichkeit eines Gottes. Ohne diese Hoffnung ist auch das Göttliche verloren.

Das erinnert an die Situation, in der wir uns gegenwärtig befinden. Aus Zweifel verlieren wir die Hoffnung, fühlen keine Kraft mehr, wo doch gerade die Hoffnung diese Kraft gebiert. Die Hoffnung ist es, die eine Verbindung zum Göttlichen erwachsen lässt, sie ist der Anstoß. Nicht umgekehrt.

Als der Träumende die Welt endgültig zusammenbrechen sieht, erwacht er. Und stellt erleichtert fest: Diese Gespenster waren bloß ein Traum. Doch ein Traum ist eben niemals bloß ein Traum. Er kündet von individuellen oder kollektiven Wahrheiten, Dinge, die in oder neben uns geschehen und die wir nicht wahrnehmen können oder wollen. Dieser Traum rüttelt an dem Zweifel, der in jedem Menschen innewohnt: Wir haben keine Gewissheit über Gott. Gerade heute scheint es verlockender, an Reichtum, Ruhm oder Erfolg zu glauben als an etwas, das größer ist als wir und in dessen Licht wir uns geborgen fühlen können.

Die Zweifel, die Jean Paul in dieser dramatischen Rede zum Ausdruck bringt, kenne ich, Pater Anselm Grün, selbst, wenn ich bete. Dann kommen auch Zweifel hoch: Ist das alles nur Einbildung? Betest du nur, damit es dir gut geht? Versuchst du dir, eine Illusion aufzubauen, in der du es dir angenehm einrichten kannst? Ist Gott nur eine infantile Projektion deines Bedürfnisses nach einem väterlichen und mütterlichen Gott, der dir Geborgenheit bietet?

Wenn ich dann die Zweifel zulasse: »Ja, es kann sein, dass das alles nur Einbildung ist«, dann taucht tief aus meiner Seele der Impuls auf: Ich traue der Bibel. Ich traue der Weisheit meiner Seele und ich traue einem heiligen Augustinus und einer heiligen Teresa von Ávila, einem Franziskus und einer Edith Stein, die ihre ganze Existenz auf den Glauben gesetzt haben.

Als Jean Pauls Träumer erwacht, da weint seine Seele »vor Freude, dass sie wieder Gott anbeten konnte – und die Freude und das Weinen und der Glaube an ihn waren das Gebet«. Der Glaube vermittelt dem Träumer eine neue Sicht auf die Welt. Jetzt wirft die Sonne »friedlich den Widerschein ihres Abendrotes dem kleinen Mond zu«. Die ganze Welt verwandelt sich, wenn wir in dieser Welt an das Göttliche glauben. »Zwischen dem Himmel und der Erde streckte eine frohe vergängliche Welt ihre kurzen Flügel aus und lebte, wie ich, vor dem unendlichen Vater, und von der ganzen Natur um mich flossen friedliche Töne aus wie von fernen Abendglocken.«

Die Welt ist vergänglich. Aber im Traum streckt sie ihre kurzen Flügel aus, die ihr und auch dem Träumer Leichtigkeit verleihen, die die Welt und den Träumer für Gott öffnen.

So wird der Traum zum Ort der Gotteserfahrung.

Wir erfahren Frieden, Geborgenheit, Heimat, denn die ganze Welt ist von der Liebe des Vaters durchdrungen. Dann hören wir keine Misstöne, sondern angenehme Klänge zu uns dringen, »wie von fernen Abendglocken«. Es sind diese Glocken, die für Jean Paul die Welt öffnen für das Göttliche, einer Welt, die von Liebe und Licht durchdrungen wird, die tönt in der Erkenntnis einer neuen Herrlichkeit.

Unsere Träume konfrontieren
uns mit unseren größten
Ängsten und Zweifeln.
Und geben uns die Möglichkeit,
sie zu überwinden.

5.

Zweiter Traum

Der Traum vom Apfelbaum

Der Traum hebt die Zeit auf und lehrt uns, mit den Augen des Kindes zu schauen

Dieser Traum beginnt mit der Erinnerung des Träumers an seine Kindheit. Es ist eine ihrer besonderen Eigenschaften, dass Träume außerhalb der Zeit existieren. Was wirkt wie ein Jahrhundert, kann sich in wenigen Minuten abspielen, und was wie ein kurzer Augenblick wirkt, dauert eine ganze Nacht.

Sie führen uns an längst vergangene, vergessene Orte, an denen wir etwas Bedeutendes zurückgelassen haben. Der Traum hilft uns, es wiederzufinden.

In der Erinnerung des Träumers kehrt er zurück in den sonnigen Mai seiner Kindheit, in dem er Jahr um Jahr auf einen Apfelbaum kletterte und sich »in die Arme seines Gezweiges« legte. Dort nahm er das Summen der Bienen und der Mücken wahr.

Wenn er die Augen schloss, fantasierte er, wie der Baum ins Unermessliche wuchs. »Er wuchs allein im Universum, gleichsam als sei er der Baum des unendlichen Lebens, seine Wurzeln stiegen in den Abgrund, die weißen und roten Wolken hingen als Blüten in ihm, der Mond als seine Frucht, die kleinen Sterne blitzten wie Tau, und er ruhte in seinem unendlichen Gipfel und ein Sturm bog den Gipfel aus dem Tag in die Nacht, und aus der Nacht in den Tag.«

Es gilt, was der französische Schriftsteller Albert Béguin von den Träumen Jean Pauls sagte. Er sprach vom wohltätigen Genius. Jean Paul lässt dem Träumer »aus der Kindheit die Insel der Seligen wieder auftauchen; er führt uns einen flüchtigen Abglanz des verlorenen Paradieses vor Augen, immerhin leuchtend genug, das irdische Dunkel für Augenblicke zu verzehren«.

Jean Paul sieht nicht nur den Apfelbaum in seiner konkreten Gestalt. Er wird für ihn in seinem Traum zum Weltenbaum, der Himmel und Erde miteinander verbindet. Der Traum hat bei Jean Paul teil an der Erschaffung der Welt durch Gott. Der Traum schafft gleichsam die Welt neu, wie sie Gott einst gedacht hat.

Der Träumer sieht die Dinge nicht in ihrer konkreten Gestalt, sondern in ihrem wahren Wesen.

Der Baum wird für ihn zum »Baum des unendlichen Lebens«. Auf den Ästen des Baums wird uns etwas bewusst vom Geheimnis der Welt, vom Geheimnis, dass alles miteinander zusammenhängt: Himmel und Erde, Licht und Dunkel, Tag und Nacht. Der Baum ist nicht beschränkt auf die Erde. Mond und Sterne sind in ihm versammelt, der Mond bildet seine Frucht und die Sterne schmücken ihn wie blitzende Tautropfen. Der Träumer selbst ruht nicht nur auf den Ästen des Apfelbaumes, sondern »in seinem unendlichen Gipfel«. Er hat teil am ganzen Kosmos.

Womöglich blitzt in diesem Traum eine Erfahrung auf, die der Träumende als Kind gemacht hat, geborgen und glücklich auf diesem Apfelbaum. Eine Verbundenheit mit der Natur, die ihm später abhandenkam. Wie auch wir oft die unverfälschten, echten Erkenntnisse der Kindheit verwischen lassen von den Plagen des Erwachsenseins. An solch paradiesische Orte, die in der Zeit vergangen sein mochten, doch tief in uns überdauert haben, führt der Traum zurück.

Jean Paul sieht die Dinge nicht voneinander getrennt, sondern er zeigt ihre innere Verbundenheit. Und über allem Irdischen öffnet sich der Himmel, öffnet sich der Ursprung allen Seins. Wenn ich auf dem Baum ruhe, ruhe ich in der

Unendlichkeit des Kosmos. Der Kosmos wird zu meiner Heimat. Da wird etwas von der Größe des Menschen sichtbar, aber auch von seinem Verwiesensein auf die Schöpfung. Er ist Teil der Schöpfung. Er gehört zum Kosmos. Er erfährt seine eigene Würde erst, wenn er sich eins fühlt mit der Schöpfung. Er ist aus dem gleichen Sternenstaub gebildet, aus dem auch der Kosmos geschaffen wurde.

Jean Paul sieht die konkrete Welt immer zusammen mit der »zweiten Welt«, »in die hinein wir uns immer wieder versetzt fühlen«, wie Béguin schreibt. Es ist die Welt des Paradieses und die Welt, wie sie war, als Gott sie geschaffen hat.

Im Traum brechen wir durch die Oberfläche, gelangen zum Kern der Dinge.

Béguin meint, der Genius der Träume schaffe die Welt noch einmal neu, »um durch sie hindurch die verborgenen Melodien des Übernatürlichen aufklingen zu lassen«.

Der paradiesische Urzustand ist in diesem Traum die reine Kindheit, symbolisiert durch den Apfelbaum, in der wir noch alles bestaunen konnten, alles zum ersten Mal sahen, die Wunder unzählbar. Die Träume sind Jean Pauls »Rückkehr ins unschuldige Entzücken von einst – das war sein liebster Ausweg aus den beklemmenden Ängsten des reifen Menschen«.

Der Blick des Kindes, den wir in Träumen wieder einzunehmen vermögen, ist der spirituelle Blick auf die Welt.

Denn das Kind tut sich leicht, das Wesen der Dinge zu begreifen, das Leben zu sehen, das in der Natur um uns herum herrscht. So wird unsere Umwelt durchlässig für das Göttliche, für das unendlich Schöne, das Jean Paul auch im Kleinsten wahrnimmt: im Baum, in der Blume, in der Biene, in der Mücke. Albert Béguin sieht in den Träumen Jean Pauls sein »Verlangen nach Liebe, nach Vereinigung aller mit allem, nach einem paradiesischen Himmelsstrich«.

Wenn die Träume den Träumer in die Kindheit versetzen, ist das keine infantile Regression, sondern die Ermöglichung, diese Welt mit anderen Augen zu sehen: mit Augen, die noch staunen können, mit Augen, die in allem – so klein es sein mag – die Spuren des Göttlichen erkennen.

*Der Traum hebt die Zeit
auf und lässt uns ein Gefühl
der Ewigkeit erhaschen.*

6.

Dritter Traum

Die Ich-Vision

Im Traum
sehen wir unsere
Gegensätze und
erkennen unsere
Ganzheit

Jean Paul unterscheidet selten zwischen Traum und Vision, zwischen Traum und Fantasie. Damit bestätigt er, was auch der amerikanische Psychologe und Jung-Schüler Morton Kelsey behauptete. Oft können wir gar nicht unterscheiden zwischen Vision und Traum. Ja, der Traum hat selbst eine visionäre Kraft. Großen Religionsstiftern oder Heiligen erschienen Jesus, Maria, Buddha, Engel oder andere religiöse Figuren in ihren Träumen. Werden solche Trauminhalte »von außen« eingegeben? Oder kommen sie aus uns selbst? Zweiteres scheint sie zu delegitimieren, abzuschwächen. Als wäre nicht der gesamte Kosmos – die ganze Schöpfung – bereits in uns enthalten, als wären wir nicht ohnehin Teil von allem, das uns umgibt. Ob von innen oder von außen, macht das wirklich einen so großen Unterschied? Gerade im Traum wird diese Membran ohnehin aufgelöst, durchdringlich für bisher Ungedachtes, Unerkanntes.

Jede Vision ist ein Traum,
und jeder Traum auch eine Vision.

Von so einer »Erscheinung« erzählt Jean Paul: »Nie vergeß ich die noch keinem Menschen erzählte

Erscheinung in mir, wo ich bei der Geburt meines Selbstbewusstseins stand, von der ich Ort und Zeit anzugeben weiß. An einem Vormittag stand ich als junges Kind unter der Haustüre und sah links nach der Holzlege, als auf einmal das innere Gesicht ›ich bin ein Ich‹ wie ein Blitzstrahl vom Himmel vor mich fuhr und seitdem leuchtend stehen blieb: da hatte mein Ich zum ersten Male sich selber gesehen und auf ewig.«

Diese Erfahrung ist für Jean Paul eine der zentralen seines Lebens. In ihr entdeckt er das Geheimnis seiner Person, das Geheimnis, dass er »Ich« sagen kann, dass er nicht einfach ein Exemplar des Menschen ist, sondern eine einmalige Person. Eine ähnliche Erfahrung schildert uns der amerikanische Psychologe John Bradshaw: »Ich war zwölf Jahre alt und wartete auf den Bus, als ich auf einmal ein ungeheuer starkes Erlebnis meiner Ichhaftigkeit hatte. Irgendwie wurde mir in diesem Augenblick klar, dass ich ich war und dass es niemanden gab, der so war wie ich. Ich kann mich erinnern, dass ich Angst bekam, weil ich plötzlich begriff, wie allein ich war. Ich kann mich erinnern, dass ich dachte, meine Augen seien Fenster, aus denen nur Ich blicken konnte.« Es ist die Erfahrung der eigenen Identität. Es ist zugleich eine Gotteserfahrung. Denn Gott hat sich am Dornbusch ja offenbart: »Ich bin, der ich bin.«

Unser Ich zu begreifen, reduziert uns nicht auf die Grenzen unseres Körpers, vielmehr öffnet es den Verstand für die Myriaden an Welten, die sich in uns verbergen.

Der Unterschied zwischen der Erfahrung Jean Pauls zu der von John Bradshaw besteht darin, dass Bradshaw eine innere Bewegung erlebte, während Jean Paul sein Ich sah. Jean Paul ist ein schauender Mensch. Er schaut seine Träume und er schaut auf dem Hintergrund seiner Träume die Welt. So schaut er sein eigenes Ich.

Die Frage ist natürlich, wie man das Ich schauen kann. Es ist kein konkretes Bild. Für die Griechen war das Ziel des Lebens: Gott zu schauen. Sie waren sich auch bewusst, dass man Gott nicht direkt schauen konnte, sondern nur seine Spiegelungen in der Schönheit der Schöpfung. So kann Jean Paul das Ich nicht direkt sehen, denn das Ich ist genauso unsichtbar wie Gott. Aber er kann das Ich in seinen Wirkungen schauen, in seiner Einmaligkeit, in seinem Personsein. Und, glauben wir seinen Worten, verfügte er offensichtlich über die Fähigkeit, das unsichtbare Ich doch in irgendeiner Weise wahrzunehmen, es mit seinem inneren Auge zu schauen.

Diese lebensverändernde Erfahrung zieht sich durch Jean Pauls Werk. Die Figuren in seinen Romanen schildert er stets in ihrer Einmaligkeit. Doch in den Romanen taucht noch ein anderer Gedanke auf: Das Ich ist nicht für sich allein, sondern hat einen Doppelgänger, eine Schattenseite. Diese lebt einen Aspekt, der in dem einmaligen Ich nicht enthalten ist.

Damit nimmt Jean Paul wichtige Erkenntnisse moderner Psychologie vorweg. Der Mensch ist nie eindeutig erklärbar. Sein bewusstes Ich trägt stets eine unbewusste Schattenseite in sich, einen Doppelgänger. Diese Spannung bleibt in uns, sie ist die Essenz des Lebendigen. Wir können sie nicht auflösen.

Doch Träume können uns helfen, diese Schattenseite in uns zu erkennen, sie als Teil unseres Lebens wahrzunehmen. Sie öffnen einen Raum, in dem Gegensätzliches existieren kann, wahrgenommen werden kann.

Die Ganzheit unseres Seins ist im Alltag kaum zu begreifen. Oft müssen wir funktionieren, müssen der Welt eine Seite von uns zeigen, die ihren Aufgaben nachkommt, die zu den jeweiligen Umständen, etwa Beruf, Familie, Beziehung, passt. Um diese Rolle einzunehmen, müssen wir widerstrebende und widerstreitende Seiten in uns unterdrücken, beiseiteschieben, verbergen. Dies führt zu einer inneren Zerrissenheit.

Der Träumende begibt sich jenseits dieser oberflächlichen Welt in einen Bereich, wo diese Widersprüche nebeneinander existieren können, wo die Ganzheit des Selbst erfühlt werden kann. Wo sein Doppelgänger und er eins sein können und im wiedergefundenen Gleichgewicht rasten.

Im Alltag unterdrücken wir
oft unsere Gegensätze.
Doch sie sind Teil unseres Seins.
Der Traum gibt uns den Raum,
sie miteinander zu vereinen.

7.

Vierter Traum

Der Traum über das All

Träume lehren uns,
eine blühende
Wüste zu sehen

Träume können eine Dunkelheit bringen, die schwärzer und allumfassender ist als die Nacht. Diese Dunkelheit kann uns verschlucken, uns verängstigen. Wir vermeinen, in ihr den Nachhall unserer tiefsten Zweifel und Ängste zu hören.

Dunkel ist auch das All, in das sich der Träumende in Jean Pauls Traum aufmacht. Er begreift sein inneres Wesen, das ohne Körper ist. Neben ihm taucht eine Gestalt auf, die unaufhörlich blitzt, ein Funken inmitten des Dunkels. Die Gestalt hat zwei Flügel, die der Träumer als Symbole für das Hier und das Dort erkennt. Zwischen Hier und Dort ist die Leere, der unendliche Raum des Nichtseins. Die Gestalt lädt den Träumenden ein, mit ihr zu fliegen, »damit ich dir das All zeige und verhülle«.

Es ist ein Paradoxon, wie es für den Traum üblich ist: zeigen* und *verhüllen, offenbaren* und *dadurch verbergen.

Manchmal wird etwas unklarer, indem wir es sehen. Wir können unseren Augen nicht immer trauen. Träume zeigen uns ihre Bilder hinter den Augen, dort, wo kein Licht hinfällt.

Der Träumende und die geflügelte Gestalt machen sich auf, durch das Weltall zu fliegen, das unendlich und chaotisch erscheint. Der Flug »ermattete das überfüllte Menschenherz«. Der Träumende sehnt sich »aus dem weißen Sonnentempel in die enge Zelle der Andacht«. Die unüberblickbare Größe des Alls schenkt keine Freiheit, sie gibt Furcht ein, während die Enge der eigenen Gedanken sicher und vertraulich wirkt.

In dieser Furcht fragt der Träumende: »O Geist! Hat denn das All kein Ende?« Der Geist antwortet: »Es hat keinen Anfang.«

Der Träumende erschrickt »vor dem grenzenlosen Nachtkerker der Schöpfung [...] vor dem toten Meer des Nichts«. In diesem Meer versinkt er, taucht unter, ist sich seiner selbst unsicher. Nur die Gestalt neben ihm, die blitzt und leuchtet, bleibt ihm als letzter Orientierungspunkt. Doch er fühlt sich einsam, »weil sie mich unerleuchtet ließ«.

In seiner Überforderung bittet der Träumende, den Flug zu beenden: »Lass ab und führe mich nicht weiter; ich werde zu einsam in der Schöpfung, ich werde noch einsamer in ihren Wüsten; die volle Welt ist groß, aber die Leere ist noch größer und mit dem All wächst die Wüste.«

Die unendliche Weite, in die wir oft aufbrechen wollen, weil sie Freiheit verspricht, ist kein Garant, sie auch zu finden.

Ohne Gewissheit über uns selbst und die Welt, in der wir leben, erwartet uns nur Chaos. Wir erkennen keine Notwendigkeit, keinen Sinn, keinen Weg. Die Leere gebiert keine Möglichkeiten, sie verschluckt sie. Die innere Leere fließt in die äußere, verwandelt das Land vor uns in die Wüste des Alls. Wie gelingt es uns, in dieser Wüste wieder etwas sprießen zu lassen?

Da spricht die Gestalt mit zärtlicher und sanfter Stimme: »Vor Gott besteht keine Leere; um die Sterne, zwischen den Sternen wohnt das rechte All. Aber dein Geist erträgt nur irdische Bilder des Überirdischen, schaue die Bilder.« Es sind wesentliche Worte für Jean Pauls Dichtung.

Wir können weder das unendliche All noch den unendlichen Gott begreifen. Das Streben, das Göttliche zu schauen, überfordert uns. Alles, was uns bleibt, sind Bilder. Bilder der Schöpfung, der Welt, des Endlichen. Nach dieser Erkenntnis blickt der Träumende nicht mehr voller Furcht in das All. Nun wird er mit Freude erfüllt: »Es war eine Freude über Sein und Ewigsein, und eine unaussprechliche Liebe fasste, ohne dass ich wusste, wofür, mich an, wenn ich an das neue Licht-All um mich sah.«

Die Traumgestalt erklärt dem Träumenden, warum seine Angst verschwunden ist. »Dein Herz fasst jetzt die Geisterwelt: für Aug' und Ohr gibt's keine; sondern nur die Körperwelt, in der sie regiert und erschafft. Nun schaue dein geschärftes Auge, armes Menschenkind; nun fasse dein träumendes Herz!«

Der Traum öffnet ein Tor, das unseren irdischen Sinnesorganen verborgen bleibt. Es ist ein Tor für unser Herz: Nur das träumende Herz ist fähig, den Dingen auf den Grund zu gehen, in allem Irdischen das Himmlische, in allem Weltlichen das Göttliche zu erkennen. Das träumende Herz begreift die Welt als Einheit: »Und das Auge schaute zugleich das Nächste und das Fernste.« Eine Vision, wie wir sie auch beim heiligen Benedikt finden. Der mystische Blick des Träumers sieht alles auf einmal. Die Essenz allen Seins.

Wenn der Träumende alles sieht, so sieht er auch sich selbst: »Und das träumende Herz fasste: die Unsterblichkeit wohnte in den Räumen, der Tod nur auf den Welten.«

Die Räume zwischen dem Hier und Dort betreten zu können, wo die unendliche und unsterbliche Leere uns umfängt, das ist das Vorrecht des Träumenden.

Die Leere ist aber nun nicht mehr beängstigend, sie ist einladend, um in sie einzugehen, mit ihr zu verschmelzen. Alles Weltliche fällt vom Träumenden ab und er fühlt eine grenzenlose Wonne.

Doch in diese Wonne schleicht sich die Einsamkeit, ist er doch allein mit diesem Gefühl. Da entdeckt er auf dem dunklen Weltkörper ein Kind: »Endlich stand unsere Erde vor mir, und auf ihr ein Jesuskind; und das Kind blickte mich so hell und mild und liebevoll an, dass ich erwachte vor Liebe und Wonne. – Aber nach dem Erwachen hatte ich die Wonne noch, und ich sagte: ›O! Wie schön ist das Sterben in der vollen leuchtenden Schöpfung und das Leben!‹ Und ich dankte dem Schöpfer für das Leben auf der Erde, und für das künftige ohne sie.«

Ähnlich wie in der »Rede des toten Christus vom Weltgebäude« haben sich auch in diesen Traum Angst und Zweifel eingeschrieben. Die Leere steht für die Unmöglichkeit, das wahre Wesen der Dinge zu erkennen. Eine oberflächliche Welt verkommt zur seelenlosen Wüste. Die wahre Schönheit verbirgt sich im tiefsten Inneren. Wer sie nicht zu sehen vermag, der kann unendlich lange durch das All reisen und wird nichts finden außer kosmische Leere.

Doch der Traum öffnet das Herz für die Erkenntnis, das Göttliche im Alltäglichen, das Transzendente im Banalen zu finden. Nicht die Leere ist es, die wir überwinden müssen, sondern unsere Art des Sehens.

Wer mit dem Herz zu schauen lernt,
wie der Träumende, der erkennt eine
blühende Wüste.

»Vor Gott besteht keine Leere.«

Psychoanalytisch lässt sich dieser Traum mit Jung deuten. Die kritischen Stimmen aus Jean Pauls Umfeld, die Skepsis und Zweifel der Aufklärung, distanzieren ihn vom Göttlichen. Doch er traut der Weisheit seiner Seele, die sich in seinen Träumen ausdrückt, er traut dem träumenden Herzen. Dieses Herz führt ihn ein in die Geheimnisse des Göttlichen.

Das träumende Herz weiß, Sterben ist kein Fallen in die ewige Leere, sondern ein Einswerden mit dem Licht. Für diese göttliche Liebe, die das Leben übersteigt und bis in den Tod hineinreicht, steht das dem Träumenden erscheinende Jesuskind.

Der Traum dauert nach dem Erwachen an. Jean Paul fühlt Sinn, Geborgenheit, Verbundenheit. Durch das Jesuskind kam das Göttliche in die Welt. Wir sind nicht allein auf einer uns fremden Erde. Die Welt ist durch die Menschwerdung Gottes in dem Kind heller, wärmer, zärtlicher geworden.

Manchmal scheint uns die
Wirklichkeit trist und grau.
Träumen hilft uns,
eine Schönheit zu offenbaren,
die sich selbst in den
kleinsten Dingen verbirgt.

8.

Fünfter Traum

Die Todesvision in der »Konjekturalbiografie«

Der Traum als Riss im Schleier zwischen Leben und Tod

Im Jahr 1799 erscheint der Band *Jean Pauls Briefe und bevorstehender Lebenslauf*. Darin findet sich eben jener »bevorstehende Lebenslauf«, den Jean Paul auch »Konjekturalbiographie« nennt. Eine Konjektur kann als Mutmaßung über den zukünftigen Verlauf der Dinge verstanden werden. Selbst erst 36 Jahre alt, versucht Jean Paul eine Biografie zu schreiben, die nicht nur seine Vergangenheit abbildet, sondern auch seine Zukunft. Erneut ist es das Traumhafte, das Einzug erhält in sein Schreiben, hebt doch der Traum die zeitliche Ordnung auf.

Diese zukünftige Biografie endet folgerichtig mit dem Tod des Autors. Jean Paul setzt sich auf diese Weise literarisch mit der Angst des Todes auseinander, die in einer Todesvision kulminiert.

Dort heißt es: »Der Tod wirft den faulen Körper und die dicke Erde weit von uns, und wir stehen frei und hell in der lichten Welt unseres Herzens und unseres Glaubens und unserer Liebe.«

Der Körper ist an die »dicke Erde« gebunden, an das Irdische, an das Endliche. Der Tod löst uns davon, eröffnet eine unendliche Freiheit.

So kann der Traum auch als ein Bindeglied zwischen Leben und Tod, zwischen Diesseits und Jenseits begriffen werden, schenkt er uns doch einen flüchtigen Blick in diese Unendlichkeit.

In seiner Vision sieht Jean Paul den Tod kommen. Er bezeichnet ihn als »den letzten Genius des Lebens«. Dieser Genius hat ein schönes Angesicht und glänzende Flügel. Der Genius ist der Überbringer von Erkenntnissen und Erfahrungen, die über unseren Horizont hinausgehen, die uns transzendieren. Er gibt Schriftstellern wie Jean Paul die überraschenden Einfälle und Beschreibungen ein, den Wissenschaftlern flüstert er die bahnbrechenden Formeln zu. Der Genius des Todes bringt die letzte, vielleicht größte Erkenntnis. Der Traum ist das natürliche Habitat des Genius, und so spricht der Dichter zum Todesengel:

»Nimm nur hin den leicht durchsichtigen Sommernachtstraum des Lebens.«

Das Leben als Traum, als Sommernachtstraum, wie ihn Shakespeare beschreibt. Als »ewiger, süßer Schlaf« wird der Tod oft bezeichnet und verweist damit direkt auf seine traumähnlichen Qualitäten. Wer das Irdische hinter sich gelassen hat, benötigt den Traum nicht mehr als Brücke ins Jenseits. In den Mysterienkulten wurden die Augen der Adepten oft verschleiert, damit sie erblicken konnten, was nicht gesehen werden kann. Der Tod legt ebenfalls einen solchen Schleier über uns, der unseren Blick von der Oberfläche auf die Essenz der Dinge lenkt.

In seinen letzten Momenten denkt der sterbende Jean Paul an die Menschen und erkennt: »Ich habe euch gewiss geliebt.« Diese Liebe kristallisiert sich im Angesicht des Todes als Triebkraft des Lebens heraus. Gleichzeitig offenbart sich ihm in dieser Vision auch die Zukunft: Es schmerzt ihn, dass »du arme, so oft verwundete Menschheit noch so blutige Entwicklungen zu überstehen hast«. Was als anachronistischer Vorgriff auf historische Konflikte gelesen werden kann, ist doch nichts anderes als die tiefe Weisheit, dass jede Generation auf neue Weise lernen muss, was die alte schmerzhaft begriffen hat. Jean Paul dringt mit dieser Traumbeschreibung zum Wesen seines Schaffens vor: All sein Schreiben war Ausdruck seiner Liebe zum Menschen, um dessen tragische Dimension er stets wusste.

Als Nächstes sieht der Sterbende, wie im Traum die verstorbenen Freunde an ihn herantreten. Im Sterben trennt ihn nur noch das schwach schlagende Herz von den Verstorbenen. Es überwiegt die Freude, sie wiederzusehen. Er hofft darauf, dass seinen entrinnenden Geist »ein inneres Tönen und Klingen« begleiten wird. Anklänge an die christliche Totenliturgie sind zu erkennen, wenn es im Hymnus heißt: »In paradisum deducant te angeli«, also: »In das Paradies mögen dich die Engel geleiten.« Im Hymnus empfängt der Chor der Engel die Verstorbenen mit Liedern.

Ein letzter Blick des Sterbenden auf die Welt beschließt die Todesvision. Den Blick mit Tränen erfüllt, nimmt er Abschied: »Lebt wohl.« Dieser letzte Gruß gilt den geliebten Menschen genauso wie der Erde selbst, mit ihren Sonnenauf- und -untergängen, mit ihren weiten Ebenen, mächtigen Bergen und grünen Tälern, mit ihren Sternennächten. Es ist seine »liebe Erde«, die im Tod verloren geht.

Der Tod ist der große Unbekannte im Leben jedes Menschen. Er ist unbegreiflich, steht er doch für einen Ort jenseits des Seins, zu dem weder unsere Empfindungen noch unsere Gedanken Zugang haben.

Doch der Traum enttarnt die unüberwindbare Mauer zwischen Leben und Tod als feinen Vorhang, durch dessen Risse wir blicken können.

Jean Paul glaubt an das Göttliche des Todes, an eine Seinsform danach, an eine Existenz als reiner Geist.

Der deutsche Theologe Karl Rahner meinte, im Augenblick unseres Todes trennt sich die Seele vom Geist und kann sich in aller Freiheit entscheiden. Während unsere Entscheidungen auf der irdischen Welt getrübt und durchdrungen sind von Mustern, die sich aus unserer Lebensgeschichte ergeben, erspüren wir in diesem Moment zum ersten Mal völlige Freiheit. Unsere Seele kann sich entscheiden, nun, nachdem sie den Körper abgeworfen hat, im Göttlichen aufzugehen. Diese absolute Einheit – diese Vollendung – umkreist auch Jean Paul immer wieder in seinen Träumen.

Jean Paul entwickelt in seinem Traum ein persönliches Bild des Todes, das allerdings auch für uns Hoffnung und Trost bereithalten kann. Seine Beschreibungen heben die Angst davor auf, ohne je in eine krankhafte Todessehnsucht zu verfallen, wie sie in der Romantik manchmal vorkam. Vielmehr führt er uns den Frieden vor Augen, der uns im Tod erwartet, verbunden mit einer allumfassenden Liebe zu den Menschen und der Welt. Es ist eine Bejahung des Lebens, mit dem wiederkehrenden Erwachen im Frühling und dem tiefen Schlaf des Winters, dem leuchtenden Sommer und dem gleißenden Herbst. Es ist aber auch eine Bejahung des Todes als natürlicher Teil des Lebens, ja, als Abschluss unseres irdischen Seins.

Wenn wir in sternenvollen Nächten das Himmelszelt betrachten und erfüllt werden von der Sehnsucht nach der Vollkommenheit, so lehrt uns Jean Paul, müssen wir nur die Augen schließen, um eine Spur davon zu erhaschen.

9.

Sechster Traum

Wutzens letzter Traum

Der Traum als Gestalter unseres Lebens

Im Jahr 1793 veröffentlichte Jean Paul eine Erzählung mit dem Titel *Leben des vergnügten Schulmeisterlein Maria Wutz in Auenthal.* Darin geht es um den titelgebenden Maria Wutz, Schulmeister in einem kleinen Dorf. Im Sterben liegend, erzählt ein Biograf dessen Leben. Von außen betrachtet wirkt er nicht besonders, doch Wutz besitzt eine einzigartige Fähigkeit: Er träumt sich jeden Morgen einen schönen kommenden Tag. Dabei verharrt er gänzlich in der Gegenwart, denn seine Träume reichen nicht über den Tag hinaus. Erfüllt ein Tag seine hoffnungsvollen Erwartungen nicht, legt er sich abends ins Bett und ist doch mit sich zufrieden, sagt sich beruhigend: »Siehst du, Wutz, es ist doch vorbei.« Lebenslang wohnt er in dem Haus, das er von seinem Vater geerbt hat, glücklich verheiratet mit seiner Jugendliebe Justina, niemals mehr verlangend, als er besitzt.

Als er schließlich einen Schlaganfall erleidet und ans Bett gefesselt ist, ruft seine Frau den Biografen – den »Lebensschreiber« – herbei, um von diesem gewöhnlich außergewöhnlichen Leben Zeugnis abzulegen.

Am Sterbebett erfahren wir von dem Biografen, dass nachts »Wutzens zwei beste Jugendfreunde«

ihn besuchten: »der Schlaf und der Traum, um von ihm gleichsam Abschied zu nehmen«.

Besonders die Fähigkeit zu träumen erlaubte Wutz ein erfülltes, glückliches Leben, in dem jeder Tag ein neues Wunder für ihn war.

Kurz vor seinem Tod schläft Wutz erneut ein. Und träumt. Er träumt: »Er schwankte als ein Kind sich auf einem Lilienbeete, das unter ihm aufgewallet – dieses wäre zu einer emporgehobenen Rosen-Wolke zusammengeflossen, die mit ihm durch goldne Morgenröten und über rauschende Blumenfelder weggezogen – die Sonne hätte mit einem weißen Mädchen-Angesicht ihn angelächelt und angeleuchtet und wäre endlich in Gestalt eines von Strahlen umflognen Mädchens seiner Wolke zugesunken und er hätte sich geängstigt, dass er den linken gelähmten Arm nicht um und an sie bringen konnte.«

Der Biograf beschreibt diesen Traum als Wutzens »vorletzten«. »Denn auf den langen Traum des Lebens sind die kleinen bunten Träume der Nacht wie Phantasieblumen gesticket und gezeichnet.«

Träume sind für Jean Paul Fantasieblumen, die unser Leben bereichern und verschönern. Durch ihre offenbarende Wirkung öffnen sie uns für das Schöne und Besondere im Alltäglichen. Sie geben uns auch die Fähigkeit, wie Wutz, unsere Zukunft als glücklich und erfüllt zu sehen. Und sie damit gleichsam zu gestalten.

Dieser »vorletzte« Traum fasst gleichsam Wutzens Leben noch einmal zusammen. Er hat die Blumen geliebt und die Sonne und natürlich das »Mädchen«, Justina. Jean Paul schildert voller Zärtlichkeit, wie der Schulmeister seine »Justel« kennen- und lieben lernte und wie er dem Hochzeitstag entgegenfieberte. In seinem Traum kommt ihm sein Mädchen, in das er sich damals so schnell verliebt hatte, in strahlendem Licht entgegen. Er möchte sie umarmen. Aber da sein Arm durch einen Schlaganfall gelähmt ist, kann er ihn nicht bewegen. Darüber ängstigt sich Wutz. Der Tod vollendet seine Liebe zu seiner Frau, die ihm jetzt in dem strahlenden Mädchen erscheint, ganz jugendlich und klar, ohne die Trübungen des Alltags und des Alters.

Der Tod vollendet auch seine Liebe zu den Blumen. Er wird auf einem Lilienbeet emporgehoben, in eine Rosenwolke hinein. Und er sieht sich als Kind. Jean Paul hat den Schulmeister als ewiges Kind beschrieben, nicht als infantilen Menschen, sondern als einen Mann, der doch immer Kind geblieben ist, der immer wie ein Kind über alles Schöne staunen konnte. »Der Charakter unseres Wutz hatte, wie der Unterricht anderer Schulleute, etwas Spielendes und Kindisches, aber nicht im Kummer, sondern in der Freude.«

Wutz hat sein Leben lang mitten in der Banalität seines Alltags die Kunst eingeübt, fröhlich zu sein. Eine Fähigkeit, die ihn als Träumenden auszeichnet.

So ist der Tod des Schulmeisters von dieser kindlichen Freude an Blumen, an der Sonne, an seiner geliebten Frau geprägt. Im Sterben zieht der Mond seinen Mund »immer lächelnder auseinander«. So stirbt er friedlich und seine Witwe sagt nur: »Du guter Vater.«

Als der Biograf schließlich aufbricht, das Sterbebett verlässt und nach Hause geht, ist auch er verändert. Ihm war »die Erde gleichsam heilig, und Tote schienen neben mir zu gehen«. Am Grab des Schulmeisters fasst er zusammen: »Als er noch das Leben hatte, genoss er's fröhlicher wie wir alle.«

Jean Paul schildert das Leben des fröhlichen Schulmeisters als eine Idylle. Doch es ist keine infantile, naive Idylle, sondern sie ist sich den Abgründen des menschlichen Lebens bewusst. Hugo von Hofmannsthal schreibt darüber: »Die Jean Paulschen höchsten Momente heften sich immer an das Kleine und Alltägliche... Aber dem Blick des Gemüts, der zart und gespannt genug ist, auf stummen Nichtigkeiten mit Wehmut und Zärtlichkeit zu verweilen, steht ein redender Himmel offen, wenn bloß nur in einem alten Gesicht das Kindergesicht sich aufschlägt, wenn das Unsagbarste uns auf die Seele fällt und Leben und Tod ineinandergehen. Diese beharrliche liebende Betrachtungskraft trägt den Segen in sich, dass vor ihr wie das Häßliche so auch der Schmerz sich auflöst, ja die Nichtigkeit des Daseins selber sich vernichtigt.«

Wir dürfen nicht vergessen, dass der Schlaftraum Wutzens nur der »vorletzte« gewesen ist. Denn der letzte und umfassendste ist stets das Leben selbst. Das Leben als Traum, so hat Wutz gelebt und dadurch ein glückliches Leben gefunden, in dem er alle Sorgen und Nöte transzendieren, übersteigen und hinter sich lassen konnte. Der Träumende findet das Göttliche im Alltäglichen.

Der letzte Traum, aus dem wir
erwachen, ist das Leben selbst.
Wer es versteht, träumend zu leben,
der wird eine Welt voller
Schönheit und Liebe entdecken.

10.

Siebenter Traum

Der Traum von der Mittagsstimmung

Der Traum
verbindet uns mit
dem göttlichen
Kind in uns

Gerade um die Mittagszeit, so meint Jean Paul, breitet sich in manchen Menschen »eine dunkle Wehmut, ein desto größerer Seelenschatten aus, wenn die Schatten außer ihnen am kleinsten sind«. In dieser Stimmung entstehen dann Fantasien, Tagträume. Der Träumer fühlt sich »unter den ewigblauen Himmel des Morgenlandes und unter die Weinpalmen Hindostans verweht«. In dieser Fantasie erlebt der Träumer eine wunderbare innere Ruhe. Er fühlt sich frei von allen Bedürfnissen und Leidenschaften.

Die Seele erhebt sich und findet in ihrer Erhebung Halt. Er wird »mit dem Schlaftrunk der Wonne vollgegossen«. Und in seiner Seele bricht »eine Farben-Nacht an, in welcher alle kleinen Gestalten seiner Kindheit neblig« aufsteigen. Im Traum taucht das erste Spielzeug auf, mit dem er als Kind gespielt hat. Er sieht »seine ersten Wonnemonate«. Er vergleicht sie mit kleinen Engeln, die auf einer Abendwolke spielen. Mit Wehmut taucht die heile Welt seiner Kindheit auf: »Ach was er längst vergessen, längst verloren – längst geliebt hatte – Lieder ohne Sinn und Töne ohne Worte – namenlose Gespielen – beerdigte Wärterinnen – gestorbene Bedienstete – diese alle wurden lebendig.«

Für Jean Paul sind Träume ein Portal in die unschuldigen Momente unseres Lebens, in die Kindheit.

Sie bewahren, was uns damals ausmachte. Das ist keine Realitätsflucht oder -verweigerung. Vielmehr ermöglichen uns Träume, Kraftquellen anzuzapfen. Sie erlauben uns, die Gegenwart mit neuen Augen zu sehen. Im Traum kommen wir in Berührung mit dem göttlichen Kind in uns.

Das göttliche Kind ist ein archetypisches Bild. Carl Gustav Jung nennt es einen Heilbringer. Durch das göttliche Kind kommen wir in Berührung mit den heilenden Kräften unserer Seele.

Die heilenden Kräfte, die Jean Paul in diesem Kindheitstraum erlebt, bestehen im Gefühl der Wonne. Das Wort »Wonne« hängt mit »gewinnen« zusammen. Und es bedeutet weiter »Lust und Freude und Genießen«. Das Kind kann jeden Augenblick genießen. Es fühlt sich im Einklang mit allem, was ist. Wenn dieses Gefühl im Traum auftaucht, dann klingt die Verheißung an, dass unser Leben gelingt, dass wir auch jetzt die wunderbare Schönheit der Welt genießen können.

Andere heilende Kräfte, die aus der Kindheit auftauchen, sind »Lieder ohne Sinn und Töne ohne Worte«. Es sind also Melodien, die tiefer gehen als Worte, die unsere Seele zum Klingen bringen, heilende Töne, die uns durchdringen und uns eben in jene Wonne, Freude, Lust und in einen tiefen Frieden versetzen.

Auch namenlose Spielgefährten tauchen auf. Im Zentrum dieser Bilder stehen weniger die Gefährten als das Spielen. Im Spiel können wir aufgehen und uns verlieren, müssen nichts repräsentieren oder darstellen. Im Spiel sind wir auf glückliche Art mit dem anderen verbunden. Das Kind spielt aus der Freude am Spiel, nicht um zu gewinnen. Diese Fähigkeit wiederzuerlangen, kann auch für unser erwachsenes Leben ungemein wichtig sein.

In diesem Traum, der Jean Paul während der Mittagsstimmung überkam, tauchen Wärterinnen und verstorbene Bedienstete auf, die er als Kind kannte. Doch der Umstand ihres Todes löst keine Trauer mehr in ihm aus, denn für das unschuldige Kind überführt der Tod den Menschen bloß in eine andere Daseinsform. Im Traum treten diese Menschen in ihrer alten, bekannten Gestalt auf, sie sind nicht verschwunden.

Jean Paul wählt seine Worte stets genau. »Wärterin« ist in einem doppelten Sinn zu verstehen. Die Wärterin wartet auf das, was sich im Kind entfalten will. Sie schafft den Horizont für eine gelingende Zukunft. Alle Talente, Wünsche, Fähigkeiten und Sehnsüchte entfalten sich in den kommenden Jahren.

Die Wärterin ist aber auch jene Person, die sich um das Kind kümmert, es pflegt und beschützt. Der Träumende fühlt sich also sicher und geborgen.

Die Bediensteten, die im Traum auftauchen, stehen symbolisch für jene Kräfte, die seiner Seele dienen. Dienen bedeutet, dem Leben zu dienen. Es zu schätzen, zu genießen, mit Liebe zu erfüllen, es sinnhaft zu gestalten. So entlässt der Traum den Träumenden mit neuer Kraft und Lebendigkeit.

Der Traum entrückt Jean Paul in das Paradies seiner Kindheit. Doch es ist nicht das Paradies einer wehmütigen Erinnerung oder Verklärung.

Vielmehr ist das kindliche Paradies des Traums, das göttliche Kind in uns, eine Versprechung und ein Wegweiser, dieses Paradies in unserem Leben zu suchen.

Es gibt uns die Kinderaugen zurück, die Gestalten in den Wolken sehen, Bewegung in den Landschaften, Wunder im Flug der Vögel. Wir sehen nicht mehr nur die Zerstörung der Umwelt, die Nöte der Menschen, Krieg oder Streit, wie es uns Erwachsenen oft geschieht. Dabei geht es nicht darum, die Augen vor den grausamen Seiten der Wirklichkeit zu verschließen, sondern vielmehr den Blick zu erweitern: auf die anderen Seiten, auf den Garten des Lebens, in dem die Blumen mannigfaltig erblühen. »Schönheit«, so schrieb der irische Schriftsteller und Philosoph John O'Donohue, ist die »Heimat der Seele«. Öffnen wir unsere Augen für diese Schönheit, so kommen wir in ihr mit unserer Seele – mit unserem Wesenskern – in Berührung. Sie ist Heimat inmitten der bedrohten Schöpfung.

Jean Paul hat diese neue Sicht auf die Natur so beschrieben: »Man genießet an der Natur nicht, was man sieht, sondern was man ans Gesehene andichtet, und das Gefühl für die Natur ist im Grunde die Phantasie für dieselbe.« Die Natur lädt uns ein, das, was wir sehen, in einer dichterischen Sprache zum Klingen zu bringen. Dann ist die Blume nicht einfach eine Blume, dann führt sie uns in ein Reich der Schönheit, ein Reich, in dem Engel mit den Blumen spielen, in dem uns eine Wolke von Blumen in eine andere Welt trägt, in der wir gebettet sind auf ein Lilienbeet.

Der Spielplatz für diese Poesie des Alltäglichen ist der Traum.

Der Germanist und Jean-Paul-Experte Helmut Pfotenhauer meint, Jean Paul hätte sein Leben lang nach den »poetischen Effekten« gesucht, nach den »halbschlafartigen Dämmerzuständen, die an der Schwelle vom Wachen zum Bewusstsein und den unbewussten Bildern stehen«.

Es sind also nicht nur Nachtträume, die ihm den Hintergrund des Sichtbaren aufzeigen. Es sind auch Dämmerzustände, Tagträume, in denen die Fantasie hochsteigt. In diesem Zustand entstehen »unvergleichlich prägnante Bilder in unserem Inneren«, die uns das Wesen des Menschen und der Natur erkennen lassen. Pfotenhauer schreibt, Jean Paul dürfe »heute als einer der Wegbereiter der psychologischen Erforschung solcher endogener Bilder gelten; er braucht sie um der schreibenden Erkundung unserer inneren Welt willen«.

Träume ermöglichen uns, die verlorene Unversehrtheit und Unschuld unserer Kindheit wiederzuerlangen, uns mit dem göttlichen Kind in uns in Verbindung zu setzen.

Dieser Funke in unserer Seele lässt uns die Wirklichkeit poetisch verwandeln, breitet ihre Schönheit vor uns aus, schenkt uns eine Ahnung des göttlichen Geheimnisses, das in allen Dingen waltet.

Das Kind in uns blickt
auf die Welt voll Staunen und
sieht ihre Wunder. Der Traum
verbindet uns mit ihm.

11.

Achter Traum

Der Traum von der Seligkeit

Der Traum schenkt uns die Tränen der Gotteserfahrung

Es ist ein kurzer Traum, den Jean Paul in seinem späten Text *Dr. Katzenbergers Badereise* erzählt, der im Jahr 1809 erschien. Dieses satirische Stück folgt dem Arzt und Anatomieprofessor Katzenberger, der sich auf eine Badekur begibt, doch eigentlich Rache an seinem Kollegen Strykius im Sinn trägt, der Katzenbergers Hauptwerke negativ rezensiert hat. Im Kurort beschreibt Jean Paul den Konflikt zwischen Katzenberger, für den Menschen reine Untersuchungsobjekte sind, und seiner Tochter Theoda, die sich in einen standhaften Hauptmann verliebt. Damit wird die Geschichte zu einem Kampf zwischen wissenschaftlichem, nüchternem Skeptizismus und der romantischen, idealistischen Gefühlswelt.

Mitten in diese Geschichte des Zynikers Dr. Katzenberger flicht Jean Paul den Traum von der Seligkeit ein, gleichsam als Gegenbild des Zynikers, der vor nichts mehr Ehrfurcht empfindet. Für diesen Text gilt, was der deutsche Dichter Johann Peter Hebel über die Schriften von Jean Paul schrieb: »Seine Schriften sind wie Ananas, auswendig lauter Distel und Dorn, bis man in das süße innere Leben eingedrungen ist.« Dieses süße innere Leben wird im Traum von der Seligkeit sichtbar:

»Mir träumte, ich sei unnennbar selig,
aber ohne Gestalten und ohne alles und ohne Ich.
Und die Wonne war selber das Ich.
Als ich erwachte, so rauschte und brannte vor mir
der Frühling mit seinen Freudengüssen wie ein
von der Morgensonne durchstrahlter Wasserfall.
Die Erde war ein aufgedeckter Göttertisch,
und alles war Blüte und Luft.
Froh weinend schloss ich das Auge.«

Der Traum erlaubt uns eine Loslösung von unserem Ich, von unserem Ego.

Im wachen Zustand ist dies kaum möglich, doch im Schlaf können wir die Ketten unseres Ichs, unseres Egos, abwerfen. Frei vom Wollen, von Begierden und Trieben können wir Seligkeit erfahren. Das Ego will genießen, das Ego will besitzen, das Ego will mit Erfahrungen angeben und sich hervortun. Doch wahres Glück erfährt nur der, der sein Ego loslässt, der einfach da ist und wahrnimmt, was ist.

»Die Wonne war selber das Ich.« Die Wonne war die innerste Mitte des Träumers. In der Sprache von Carl Gustav Jung können wir sagen: Die

Wonne war das Selbst. Das Selbst als innere Mitte, in der ich einfach bin, ohne mich beweisen oder rechtfertigen zu müssen, ist nach Jung immer auch offen für das Bild Gottes. Wir sind das reine Sein. Gott ist das reine Sein, so sagt der Kirchenlehrer und Philosoph Thomas von Aquin, der »esse«, das Sein, vom »ens«, vom Seienden, unterscheidet. Das Seiende sind wir mit allen menschlichen Ausprägungen, Schwächen und Ablenkungen. Doch im Traum können wir das Seiende abstreifen und unseren Kern, das reine Sein, erreichen. Dieses reine Sein ist pure Wonne.

Als der Träumer erwacht, sieht er die Natur mit neuen Augen. Jeglicher Zynismus ist aus ihm gewichen. Jetzt ist alles Frühling, voller Lebendigkeit und Wärme, der Frühling »mit seinen Freudengüssen«. Der Frühling erscheint dem Träumenden nach dem Aufwachen wie »ein von der Morgensonne durchstrahlter Wasserfall«.

Ein Wasserfall, in dem sich die Sonne widerspiegelt, ist ein herrlicher Anblick. In ihm ist beides miteinander verbunden: die Lebendigkeit des Wassers, das, ohne je aufzuhören, sich in die Tiefe ergießt, und die Strahlen der Morgensonne, die sich im Wasser spiegeln und ihm eine mysteriöse Schönheit verleihen. Und die Erde erscheint dem

Träumenden als ein »aufgedeckter Göttertisch, und alles war in Blüte und Luft«. Das Leben fühlt sich leicht an und schön.

Was in der Natur aufblüht, das blüht auch im Herzen des Träumenden auf. Er schaut diese Pracht, indem er froh weinend die Augen schließt. Er möchte das, was er außen sieht, in sich selbst schauen und erleben. Die Reaktion sind Tränen der Freude.

Evagrius Ponticus, ein Mönch aus dem vierten Jahrhundert, war der Meinung, wer noch nie geweint hat, habe noch nie Gott erfahren. Jede tiefe Erfahrung Gottes drückt sich in Tränen aus. Tränen sind eben nicht nur Tränen der Trauer und des Schmerzes. Oft genug sind sie Ausdruck einer unaussprechlichen Freude. Eine Freude, die wir nicht mehr mit Worten ausdrücken können, findet ihren angemessenen Ausdruck in den Tränen.

Jean Paul spricht nicht abstrakt über Gott, sondern über die Erfahrung Gottes durch den Menschen. Wenn der Mensch tief berührt wird, wenn er in Tränen ausbricht, hat er in sich eine Ahnung von Gott, der unsere tiefste Sehnsucht nach Leben und Liebe erfüllt.

Wer kennt nicht den Moment, in dem wir aus Träumen erwachen und alles, was uns von ihm blieb, sind feuchte Spuren auf unseren Wangen?

Wir wissen nicht, was wir gesehen haben, aber wir wissen, es sind keine Tränen der Furcht oder der Trauer. Womöglich hat uns der Traum einen Wasserfall gezeigt, in dem sich die Morgensonne spiegelt.

Im Wachen hindern
uns Gedanken, Zweifel
und Sorgen daran,
das Göttliche zu erfahren.
Im Traum fallen diese Lasten
von uns ab und machen es
möglich, das Höchste zu schauen.

12.

Neunter Traum

Der Traum, dass alle Seelen eine Wonne vernichte

Der Traum bereitet uns auf mystische Erfahrungen vor

Dieser Traum stammt aus dem Roman *Hesperus*. Wie bereits erwähnt, stellte dieser Roman Jean Pauls Durchbruch dar. Er erzählt von einer Liebesgeschichte während der Französischen Revolution.

Eine der zentralen Figuren ist Emanuel. Als Hauslehrer ist er inspiriert vom antiken Denker Pythagoras und sucht nach der Harmonie des Universums. Seine Weisheit beeindruckt den Helden der Geschichte, Viktor, zutiefst. Von ihm lernt Viktor, die Lebendigkeit der Natur wahrzunehmen. Ebenso zeigt ihm Emanuel die Bedeutung der Träume und Ideen im Gegensatz zu materialistischen Werten auf.

Immer wieder kommt Emanuel auch auf den Tod zu sprechen. Er sieht in ihm kein endgültiges Ende, sondern den letzten Schritt zur Vereinigung mit dem Göttlichen. Seinen eigenen Tod sieht Emanuel voraus. So wird sein Sterben von Jean Paul mit eindrücklichen Bildern geschildert, die ins Surreale gleiten, während der Sterbende einen Traum empfängt.

Emanuel findet sich in einem Tulpenkelch wieder. Ein Erdbeben drückt ihn hinaus. Das Leben entweicht, der Tod naht. Doch dann erblickt der Sterbende plötzlich Sonnen, Monde und Sterne durcheinanderwirbeln. Es ist eine Welt voller Farbenpracht. In dem »Farben-Getümmel ging eine süße Stimme umher und sagte überall: vergeht süßer am Lichte«. Die Lichterfahrung versteht Jean Paul als erste Erfahrung des Himmels, der jedoch schon hier – in seinen Beschreibungen der Erde – immer wieder aufleuchtet. »Hohe Menschen«, so meint Jean Paul, erleben »die Erde als vorweggenommenen Himmel«.

Nach der Lichterfahrung erfüllt ein süßer Blumenduft die Sterbenden oder die Verstorbenen, für die Emanuel steht, und erinnert sie an ihre Kindheit.

Eine Erfahrung, die wir immer wieder machen: Gerüche erinnern uns an bestimmte Kindheitserfahrungen. Heugeruch erinnert etwa mich, Pater Anselm, immer an den ersten Urlaub, den wir als Kinder auf einem Bauernhof machen durften.

Emanuel vernimmt wieder diese unbekannte Stimme. Sie »lispelte sanft: vergehet süßer am Duft«. Der Duft will uns wie das Licht zu einer mystischen Erfahrung führen, zu einer Erfahrung, in der das Ich vergeht und wir aufgehen im süßen Duft der Liebe.

Nach den eindrücklichen Erfahrungen von Licht und Duft ertönt zunächst nur ein einziger

Ton, dann weitere, bis der ganze Himmel zu tönen anfängt. Die Töne »ergriffen die erweichten Seelen«. Die Menschen weinten »vor Wonne und Sehnsucht«. Die Töne erinnern die Sterbenden an alles und alle, die sie geliebt haben, aber auch »alles, was wir hier verloren haben, jede teure Stunde, jedes beweinte Gefild, jeder geliebte Mensch, jede Träne und jeder Wunsch«.

Unser Gehör ist, so sagen die Griechen, der emotionalste Sinn. Wir hören nicht nur Worte und Töne, die Töne bewirken in uns Emotionen, vor allem aber die Emotion der Liebe.

Das hat niemand wunderbarer zum Ausdruck gebracht als Wolfgang Amadeus Mozart. Die Liebesarie der Gräfin und die gleiche Melodie im »Agnus Dei« der Krönungsmesse sind hörbar gewordene Liebe.

Im Traum taucht nun aus den bezaubernden Tönen eine hohe Gestalt auf. Sie sagt »melodisch: Vergeht süßer an Tönen«. Bei diesen wunderbaren Tönen wäre jeder »gerne vergangen an der Wehmut der Melodie, wenn jedes Herz, das Herz, nach dem es schmachtete, an seiner Brust gehalten hätte; aber jeder weinte noch einsam ohne seinen Geliebten fort«. Die Töne verbinden die Verstorbenen nicht miteinander. Jeder bleibt allein mit seiner Sehnsucht, die die Töne in ihm hervorrufen.

Als letzte Szene dieser Todesvision schlägt die hohe Gestalt den weißen Schleier zurück und ein Engel steht vor den Menschen. Die Gestalt ist umgeben von einer weißen Wolke. Diese ist die Zeit. Wenn der Engel die Zeit ausdrückt, dann – so die Angst des Träumenden – wären die Menschen vernichtet. Doch die Angst ist unbegründet. Der Engel des Endes lächelt die Menschen »unbeschreiblich lieblich an. Ein sanftes Licht fiel aus seinen Augen auf alle Gestalten.«

Jetzt hört die Vereinzelung auf. »Jeder sah die Seele vor sich stehen, die er am meisten liebte.« Der Tod lässt uns die Menschen, die wir geliebt haben, wiedersehen und wiedererkennen. Aber zugleich sieht jeder »neben sich noch einmal Sich«. Der Tod führt uns zu einer ehrlichen Selbsterkenntnis. Wenn wir uns selbst erkennen, hängt sich unser Herz nochmal an das zweite Ich und muss darin sterben. Aller Egoismus, alles Ichhafte in uns, muss vergehen. Nur so werden wir fähig, von unserem wahren Ich,

Carl Gustav Jung würde es Selbst nennen, zum Geliebten zu kommen. Nur ohne das Ego, das alles für sich benutzen möchte, sind wir fähig, den anderen wirklich zu lieben.

Eine solche Liebe geht über den einzelnen Menschen hinaus. Ergriffen vor Liebe umarmen die vom Ego Befreiten »fremde teure Menschen«.

Diese vom Ego befreite Liebe verbindet uns auch mit fremden Menschen. Sie gilt allen Menschen.

Das wird deutlich, wenn der Engel des Endes seine Arme öffnet. Dann drückt er »das ganze Menschengeschlecht in eine Umarmung zusammen«. Endlich werden die Menschen fähig, alle Menschen zu lieben und auch das zweite Ich, den Gegenspieler, den dunklen Doppelgänger. Alles ist von Liebe durchdrungen.

»Die zwei gespaltenen Ich rinnen ineinander ein – die liebenden Seelen fallen ineinander wie Schneeflocken – die Flocken werden zur Wolke – die Wolke schmilzt zur dunklen Träne. [...] Die große Wonneträne, aus uns allen gemacht, schwimmt durchsichtiger und durchsichtiger in die Ewigkeit.«

Das ist die Vision, die Emanuel von seinem Tod hat. Es ist der Traum der großen Einheit, des Aufgehens in Allem. Der Engel des Endes spricht: »Sie sind am süßesten vergangen an ihren Geliebten. Und er zerdrückte weinend das Wölkchen der Zeit.« In der Liebe zum Geliebten verrinnt die Zeit.

Der Augenblick der Liebe ist immer ein Augenblick, in dem Zeit und Ewigkeit zusammenfallen.

Wenn die Zeit aufgehoben wird, hebt eine Wonne an, die jenseits aller Zeit ist. Aber das Zerdrücken der Zeit ist kein Zerdrücken der menschlichen Existenz, sondern die Bestätigung, dass alles eins geworden ist in Gott, in Gottes unendlicher sanfter Liebe.

Es ist eine optimistische Sicht des Todes, die Jean Paul in diesem Lieblingsroman seiner Zeitgenossen darlegt. Aber er zeigt auch, dass wir uns einüben können in diese beglückende Erfahrung des Todes. Wir müssen lernen, das Ego loszulassen. Das Loslassen kann geschehen, indem wir uns ganz und gar vom Licht erleuchten lassen, indem wir uns von Düften durchdringen lassen, indem wir die Töne der Musik in uns eindringen lassen und indem wir uns in der Liebe ganz und gar loslassen, uns auf den Geliebten einlassen. Unsere Sinnesorgane, mit der wir die Welt und in ihr das Göttliche wahrnehmen können – das Sehen, das Riechen, das Hören und das Lieben – sind unsere Schlüssel zur Transzendenz. Sie ermöglichen mystische Erfahrungen, die uns vom Ego befreien.

Der Tod, wie der Traum, zerdrückt die Zeit, und ohne Anfang gibt es auch kein Ende. Der Tod hebt die Kategorien von Zeit und Raum auf, etwas, das sonst nur dem Traum gelingt.

Doch aus dem Traum kehren wir zurück. Daher können wir nicht vollständig begreifen, wie es ist, im Göttlichen aufzugehen. Das wird erst im Tod möglich. In ihm herrscht die absolute Gegenwart, die Einheit mit dem Göttlichen.

Seit der Antike galten Träume
als Orte mystischer Erfahrungen.
Für den Träumenden sind
die engen Grenzen der
Wirklichkeit aufgehoben.

13.

Zehnter Traum

Der größte Gedanke des Menschen

Der Träumende begreift, wo das Göttliche zu finden ist

Es ist nicht klar, ob der Text über den »größten Gedanken des Menschen« ein Traum ist oder ob er sich, wie Jean Paul es liebt, im Zustand zwischen Wachen und Schlafen ereignet. Dieser Zustand schenkt uns »eine Sinnfälligkeit und Helligkeit, die uns sonst nicht gegeben« ist, wie Pfotenhauer schreibt. Wir sehen dort Bilder, die uns das Wesen der Wirklichkeit aufschließen. Jean Paul spricht von Empfindbildern anstatt von Vorstellungsbildern. Wir empfinden das Geheimnis der Welt. Und in diesem Zustand schauen wir tiefer. Wir schauen in das Wesen der Dinge hinein.

So beginnt der Text, wie der aus seinem beliebtesten Buch *Hesperus*, mit den Worten: »Die Erde ist groß – aber das Herz, das auf ihr ruht, ist noch größer als die Erde, und größer als die Sonne… Denn es allein denkt den größten Gedanken.«

Das Herz des Menschen nimmt die Erde und die Sonne zum Anlass, das tiefere Geheimnis der Welt, des Menschen und Gottes zu erkennen.

Vor dem Unbegreiflichen staunen wir, doch wir wenden uns nicht ab, sondern wir versuchen es zu begreifen, zu umfassen.

Daher ist das Herz größer als die Welt. Die Fantasie, die es entwickelt, verwandelt die Welt und sieht in ihr das Unendliche und Ewige, das Göttliche.

Jean Paul beschreibt, wie ein Nebelgewölbe den Menschen auf der Erde einsperrt und ihn vom Himmel scheidet. Blitze zucken und Donnergetöse erschallt. Blitz und Donner zerbrechen das Nebelgewölbe, das den Menschen vom Himmel, vom Eigentlichen, trennt. In dieser Situation geht dem Träumenden der größte Gedanke des Menschen auf: »Meine Seele wurde eingedrückt, wenn ich gen Himmel sah – sie wurde aufgehoben, wenn ich auf die Erde sah.«

Das ist paradox. Wir würden das Gegenteil erwarten. Wenn wir unseren Blick zum Himmel erheben, erheben wir auch unser Herz zum Himmel, zu Gott. Doch Jean Paul begründet seine andere Sichtweise: »Denn der Unendliche hat in den Himmel seinen Namen in glühenden Sternen gesäet, aber auf die Erde hat er seinen Namen in sanften Blumen gesäet.«

Auf der Erde geht uns die Unendlichkeit und Ewigkeit Gottes auf. Wenn wir mit den Wolken zum Himmel streben, verlieren wir uns in der Unendlichkeit und stürzen in den Abgrund, dann wird unsere Seele »eingedrückt«.

Wenn wir uns jedoch der Blume oder der Mücke und dem »flatternden Stäubchen auf der Mücke« zuwenden, erleben wir das Unendliche, das Ewige, dann hebt sich unsere Seele. Daher schließt Jean Paul diesen Text mit der Aufforderung: »Erhebe deinen Geist und fasse den größten Gedanken des Menschen! Da wo die Ewigkeit ist, da wo die Unermeßlichkeit ist, und wo die Nacht anfängt, da breitet ein unendlicher Geist seine Arme aus und legt sie um das große fallende Welten-All, und trägt es und wärmt es. Ich und du, und alle Menschen, und alle Engel und alle Würmchen ruhen an seiner Brust, und das brausende, schlagende Welten- und Sonnenmeer ist ein einziges Kind in seinem Arm.«

Der unendliche Gott sieht durch die schier unendlich erscheinende Welt hindurch und »sieht an der kleinsten Koralle das Würmchen kleben, das ich bin, und er gibt dem Würmchen den nächsten Tropfen, und ein seliges Herz, und eine Zukunft, und ein Auge bis zu ihm hinauf«.

Das sind wunderbare Bilder für die Beziehung zwischen Gott und dem Menschen.

Der Mensch soll das Göttliche erkennen in dem Blütenstaub, in der kleinsten Koralle.

Und er soll zugleich wissen, dass der unendliche Gott ihn in seiner Unscheinbarkeit sieht und liebt und ihm ein seliges Herz gibt, ein Herz, das fähig ist, das Glück der Liebe zu erfahren. Und Gott gibt dem Menschen ein Auge, das fähig ist, ihn zu schauen. Aber es schaut ihn nicht direkt, sondern in der Schönheit der Schöpfung, in den bunten Blumen und in den einfachen Menschen.

Das Unendliche und Unbegreifliche, das sich das Menschenherz ausdenken kann, ist der Widerschein Gottes im Menschen.

»Die Schöpfung hängt als Schleier, der aus Sonnen und Geistern gewebt ist, über dem Unendlichen, und die Ewigkeiten gehen vorbei, und ziehen ihn nicht weg von dem Glanze, den er verhüllet.«

Über allem liegt ein Schleier, der das wahre Wesen der Dinge verhüllt. Im Traum oder im Zustand zwischen Wachen und Schlafen erkennt der Mensch die geheimnisvolle Beziehung zwischen Gott und Schöpfung, zwischen Gott und dem Menschen. Der Traum hebt für einen Augenblick den Schleier hinfort und lässt den Träumer tiefer in das Geheimnis der Wirklichkeit schauen.

Es ist kein Pantheismus, den Jean Paul hier beschreibt, denn es ist nicht die Natur, die göttlich ist. Vielmehr ist es ein Panentheismus: In der Natur, in jeder noch so unbedeutenden Einzelheit, strebt uns das Göttliche entgegen.

Im Traum verschwindet die
Grenze zwischen Äußerlichkeit
und Innerlichkeit. Der Kosmos
in uns verbindet sich mit
jenem außerhalb von uns.
Das Flüstern, das wir hören,
kommt aus dieser Unendlichkeit.

14.

Mit Musik träumen

Jean Paul liebt das Motiv des Doppelgängers oder des zweiten Ichs. In seinem späten Roman *Flegeljahre* beschreibt er die beiden Brüder Walt und Vult. Walt ist der Träumer, Vult der Musiker. Vult gibt sich als blinder Flötenvirtuose aus und veranstaltet ein Konzert. Er beginnt mit einem Stück von Haydn. Im Adagio tritt Vult als Solist auf. Sein Bruder, der »Herzohren für die Tonkunst« hat, lauscht ihm andächtig.

Er beschreibt seine Eindrücke, die dem Zustand zwischen Wachen und Schlafen entspringen, wie wir es oft bei Jean Paul finden: »Wie eine Luna ging das Adagio nach dem vorigen Titan auf ... Er hörte das Tönen – dieses ewige Sterben – gar nicht mehr aus der Nähe, sondern aus der Ferne kommen... Als er das Auge trocken und hell machte, fiel es auf die glühenden Streifen, welche die sinkende Sonne in die Bogen der Saalfenster zog; – und es war ihm, als seh' er die Sonne auf fernen Gebirgen stehen – und das alte Heimweh in der Menschenbrust vernahm von vaterländischen Alpen ein altes Tönen und Rufen, und weinend flog der Mensch durch heiteres Blau den duftenden Gebirgen zu und flog immer und erreichte die Gebirge nie.«

Walt hört nicht einfach zu. Die Musik versetzt ihn in den Zustand zwischen Wachen und

Schlafen, sie wird für ihn wie die Strahlen der untergehenden Sonne und er spürt in sich das Heimweh nach den Bergen, die ihm Geborgenheit schenken. Die Musik lässt ihn gleichsam zu den Bergen fliegen, aber er erreicht sie nie. Er bleibt in der Sehnsucht stecken. Die Sehnsucht erreicht nie ihr Ziel. Sie geht letztlich über diese irdische Welt hinaus.

Im zwölften Kapitel haben wir gesehen, wie der dafür vorbereitete Hörsinn eine mythische Erfahrung ermöglichen kann. Jean Paul schreibt diese wunderbaren Worte über die Musik: »O ihr unbefleckten Töne, wie so heilig ist euere Freude und euer Schmerz! Denn ihr frohlockt und wehklagt nicht über irgendeine Begebenheit, sondern über das Leben und Sein, und eurer Tränen ist nur die Ewigkeit würdig.«

Die Musik frohlockt nicht über ein freudiges Ereignis und sie klagt nicht über den Tod eines geliebten Menschen. Sie frohlockt und klagt über das Leben, über das Sein.

Das Sein wird hörbar in der Musik.
Die Musik drückt das Wesen aller Dinge aus,
lässt uns das Sein schlechthin erahnen.

Wir sprachen bereits von Thomas von Aquin. In den körperlosen Tönen verliert das Sein seine Gestalt, löst sich vom Seienden, wird rein und ungetrübt erfahrbar.

Jean Paul nennt die unbefleckten Töne die »Reinen«. Der Himmel der Töne sei uns angeboren vor der Erde, die unseren Menschenbusen schon so lange besetzt. Die Töne sollen unser Herz reinigen und sich darin eine Stätte bereiten, wo der Himmel erfahrbar wird.

Die Reaktion auf die wunderschönen Töne ist das Weinen. In Kapitel 11 haben wir davon geschrieben, wie sich eine Erfahrung des Göttlichen in Tränen äußert. Aus dem Baum der Harmonie steigt ein »neuer seltsamer Geist« zu Walt herab, »der nichts weiter zu ihm sagte als: weine!« Walt gehorcht der Aufforderung zu weinen. Und ihm war, »als wenn der Himmel sich von einem drückenden Gewölke plötzlich abregnete, dass dann das Leben luftig-leicht, himmelblau und sonnenglänzend und heiß da stände wie ein Tag!« Das Weinen, das die Musik in uns auslöst, reinigt unseren Geist. Und wir fühlen uns erfrischt, wie nach einem Regenguss. Die Atmosphäre hat sich gewandelt. Das Leben wirkt »luftig-leicht, himmelblau und sonnenglänzend«.

Es sind keine objektiven Aussagen über die Musik, die Jean Paul hier macht. Er folgt seinem Herzen, seiner Fantasie, seinen Gefühlen, die bei der Musik entstehen. Aber gerade die Bildhaftigkeit seiner Sprache bringt das Wesen der Musik wunderbar zum Ausdruck. Der Germanist und Jean-Paul-Spezialist Pfotenhauer interpretiert die Aussagen Jean Pauls zur Musik so: »Die Töne also sind das ästhetische Medium, das uns unmittelbar mit der Schöpfung verbindet. Höher kann Kunst nicht steigen im Ansehen des Menschen.« Und er definiert die Musik »als die höhere Sprache, als die Sprache des Unaussprechlichen«. Er zitiert dazu eine Stelle aus dem *Hesperus*, als Viktor ein Konzert hört: »Nach diesen Tönen gab es keine Worte mehr; die volle Seele wurde von Laub und Nacht und Tränen zugehüllt – das sprachlose Herz sog schwellend die Töne in sich und hielt die äußern für innere.«

Die Musik erfüllt das Herz jenseits aller Sprache. Aber dennoch vermittelt Jean Paul die Musik durch seine Sprache. Pfotenhauer erklärt, Jean Paul sei von den Germanisten »seit jeher als musikalischer Dichter bezeichnet worden, wenn nicht gar als *der* musikalische Dichter der Deutschen schlechthin. In der Tat spricht Jean Paul ja nicht nur über Musik, sondern versucht musikalisch zu sprechen.« Jean Paul geht davon aus, dass die Musik uns in Verbindung bringt »mit den überindividuellen, übersinnlichen Wurzeln unseres Daseins, eines Zustandes, der vom modernen Ich-Sein … entlastet wäre«.

Die Musik hat immer einen Bezug zur Transzendenz. Der deutsche Musikjournalist und Produzent Joachim-Ernst Berendt verstand die Musik von ihrem Wesen her als »Hinübergehen« in eine andere Dimension, letztlich ein Hinübergehen in die göttliche Welt. Wenn wir den langsamen Satz des Klarinettenkonzerts von Mozart hören, dann werden wir von den Tönen in eine Welt jenseits des Todes geführt, dann klingt darin schon etwas an vom himmlischen Klang.

Die spirituelle Tradition hat daher die Musik immer auch mit den Engeln verbunden. Der heilige Benedikt fordert seine Mönche auf, beim Psalmensingen an das Psalmwort zu denken: »Vor dem Angesicht der Engel will ich dir Psalmen singen.« Für Jean Paul lädt die Musik dazu ein, zu träumen von einer anderen Welt, von der Welt Gottes, in der die Engel ständig eine himmlische Musik spielen.